北大版留学生专业汉语教材

科技汉语
中级阅读教程

主　编　安　然

副主编　单韵鸣

编　写　单韵鸣　　卜佳晖
　　　　张仕海　　郎晓秋

北京大学出版社

图书在版编目(CIP)数据

科技汉语——中级阅读教程/安然主编.—北京：北京大学出版社，2006.5
(北大版对外汉语教材)
ISBN 978-7-301-10619-8

Ⅰ.科… Ⅱ.安… Ⅲ.科学技术–汉语–阅读教学–对外汉语教学–教材 Ⅳ.H195.4

中国版本图书馆 CIP 数据核字(2006)第 033617 号

书　　　名：	科技汉语——中级阅读教程
著作责任者：	安然　主编
责 任 编 辑：	贾鸿杰　吕幼筠
标 准 书 号：	ISBN 978-7-301-10619-8/H·1660
出 版 发 行：	北京大学出版社
地　　　址：	北京市海淀区成府路 205 号　100871
网　　　址：	http://www.pup.cn
电　　　话：	邮购部 62752015　发行部 62750672　编辑部 62752028　出版部 62754962
电 子 邮 箱：	zpup@pup.pku.edu.cn
印　刷　者：	北京鑫海金澳胶印有限公司
经　销　者：	新华书店
	787 毫米×1092 毫米　16 开本　15.5 印张　365 千字
	2006 年 5 月第 1 版　2018 年 5 月第 5 次印刷
定　　　价：	45.00 元

未经许可，不得以任何方式复制或抄袭本书之部分或全部内容。
版权所有，侵权必究　举报电话：010-62752024
　　　　　　　　　　　　电子邮箱：fd@pup.pku.edu.cn

编写说明

《科技汉语——中级阅读教程》是对外汉语教学中一本具有针对性和专业性的阅读教材。读者对象为理工科院校在读本科或研究生一年级,并把汉语作为外语学习的留学生,兼顾修读普通汉语课程并预备进入理工类专业学习的留学生。一般来说,本教材适合在全日制学校学过一年(约800个学时),汉语水平考试达到三级或以上的学生使用。

本教材的目标是使学生通过半年科技汉语的阅读训练,清除理工科专业学习中由于专业术语或句子结构而引起的阅读理解障碍。学生在完成本教材的学习以后,阅读速度也应有相应的提高,可以根据科技术语中的一些常用构词法迅速反应词义,抓住核心句子,快速理解课文大意。

教材内容涉及基础科普类知识,重点训练学生的阅读理解能力,结合传授语言知识,特别是词语的用法和同义词的比较。全书18课,每课主题鲜明,注重时代感,分生物、化学、材料、数学、物理、计算机技术等六个不同主题成三大循环,每个循环自然衔接,难度随之推进,符合语言学习规律。每课共有4篇主题相同的课文,第一篇为重点课文,配有阅读理解、词语注释、词语比较和词语练习;其余三篇为快速阅读文章,也有阅读理解和词语练习。课后还设有阅读新知,介绍科技汉语的构词方式、词汇特点、表达方式、阅读技巧和科技常识等等。

教材练习形式多样、不拘一格,阅读理解既有传统的正误判断、选择、填空题,也有计算、画图、实验设计等以解决实际问题为目的的练习。词语练习要求学生能运用构词法、单个语素义等知识来认识新词语,并可以正确使用重点词语填空、造句等。

教材以《高等学校外国留学生汉语教学大纲(长期进修)》的词汇表作为参照,控制了生词的出现和重现,调整了课文的难度。全书生词以中级词汇为主,涉及专业术语的部分难免会出现一些高级词汇和超纲词。为了减少学生的词汇负担,一些与科技联系不是十分紧密的中、高级甚至超纲的低频词采取随文旁注的形式,列出读音和英语释义。

科技汉语的主要特点是科技术语繁多、句子结构复杂、逻辑性强、内容艰深难懂、话题严肃等。为了避免这些不利因素引起学生厌学或畏难的情绪,教材深入浅出,精心挑选富有趣味性的科普题材,配合生动形象的插图,力图从话题和视觉两方面吸引学生。

本教材建议每周学习两个学时,每课两学时学完。重点课文的处理可细致些,要求把阅读理解和词语练习都课上完成。快速阅读的课文宜限时完成,不讲解生词,词语练习可留学生课后完成。阅读新知部分有选择性,可供教师课上介绍或学生课后兴趣阅读。

本教材由英国雷丁大学多语言多文化教育博士、华南理工大学国际教育学院教授安然担任主编，负责全书总体设计、统筹、审核。单韵鸣任副主编，负责课文内容（包括插图）选编、各课重点词汇和阅读新知内容的安排以及统稿工作；卜佳晖负责词语注释、词语比较、词语练习和阅读新知的具体编写；郎晓秋负责编写1-12课阅读练习；张仕海负责编写13-18课阅读练习及全书生词的英语注释；韩国的孔泳善（Kong Youngsun）女士负责全书生词的韩语翻译；日本的山本和惠女士负责全书生词的日语翻译；郑华协助校对了全书，特别是科技术语的英语注释。

  本教材在撰写过程中参阅了大量相关主题的教材、书报和网上资料，在此对相关作者表示感谢。

  最后感谢北京大学出版社对教材出版的大力支持，感谢吕幼筠女士和贾鸿杰女士的直接帮助。本书在专业用途汉语阅读教材方面作新的探索和尝试，难免有疏漏之处，敬请同行和读者批评指正。

编　者

目 录

编写说明		1
第 一 课	周口店北京人	1
第 二 课	大气层的形成	11
第 三 课	元素周期表	20
第 四 课	记数的历史	31
第 五 课	一样的压力，不一样的压强	41
第 六 课	电子警察	51
第 七 课	未来人类吃什么	61
第 八 课	反应速率	72
第 九 课	口渴的隐形眼镜	82
第 十 课	黄金分割——度量美的尺子	93
第十一课	推省力还是拉省力	105
第十二课	互联网世界的电子地图——搜索引擎	116
第十三课	人类的理想膳食	127
第十四课	金属与生命	138
第十五课	陶器的产生和发展	148
第十六课	函数	159
第十七课	猫不死之谜	170
第十八课	列车提速	182
参考答案		192
生词总表		208

第一课 周口店北京人

课文

周口店北京人遗址位于北京市房山区周口店龙骨山。因20世纪20年代出土了较完整的北京猿人(yuánrén/ape man)化石而闻名于世，尤其是1929年发现了第一具北京人头盖骨(tóugàigǔ/skull)，为北京人的存在提供了坚实的基础，成为古人类研究史上的里程碑。到目前为止，出土的人类化石包括6件头盖骨、15件下颌骨(xiàhégǔ/mandible)、157枚牙齿及大量骨骼碎块，代表了约40个北京猿人个体，为研究人类早期的生物学进化及早期文化的发展提供了实物依据。

根据对文化沉积物的研究，北京人生活在距今70万年至20万年之间。北京人的平均脑量达1088毫升(háoshēng/ml)（现代人脑量为1400毫升），北京人身高为男156厘米(límǐ/cm)，女150厘米。北京人生活于石器时代，加工石器的方法主要为锤(chuí/hammer)击法，其次为砸(zá/tamp)击法、砧(zhēn/anvil)击法。北京人还是最早使用火的古人类，并能捕猎大型动物。北京人的寿命较短，据统计，68.2%死于14岁前，超过50岁的不足4.5%。

1930年在龙骨山顶部发掘出生活于2万年前后的古人类化石，并命名为"山顶洞人"。1973年又发现了介于二者年代之间的"新洞人"，表明北京人的延续和发展。周口店北京人遗址于1987年12月被列入《世界遗产名录》。

（据 http://www.cctv.com/news/special/zt1/yichan/1884.html）

生词语

1. 遗址	（名）	yízhǐ	ruins; relics
2. 位于	（动）	wèiyú	to locate; to situate
3. 世纪	（名）	shìjì	century
4. 出土	（动）	chūtǔ	to excavate; to unearth
5. 化石	（名）	huàshí	fossil; reliquiae
6. 里程碑	（名）	lǐchéngbēi	milestone
7. 骨骼	（名）	gǔgé	skeleton
8. 生物学	（名）	shēngwùxué	biology
9. 进化	（名）	jìnhuà	evolution
10. 根据	（介）	gēnjù	according to
11. 沉积物	（名）	chénjīwù	deposit; sediment
12. 量	（名）	liàng	capacity; quantity
13. 加工	（动）	jiāgōng	to process
14. 捕猎	（动）	bǔliè	to hunt
15. 发掘	（动）	fājué	to excavate
16. 介于…之间		jièyú...zhījiān	to intervene

专名

1. 周口店	Zhōukǒudiàn	Zhoukoudian, *a town in Fangshan District*
2. 房山区	Fángshān Qū	Fangshan District, *a district in Beijing City*
3. 龙骨山	Lónggǔ Shān	Longgu Hill, *a hill in zhoukoudian Town*
4. 石器时代	Shíqì Shídài	Stone Age
5. 世界遗产名录	Shìjiè Yíchǎn Mínglù	World Heritage List, *inscribed by United Nations Educational, Scientific, and Cultural Organization (UNESCO)*

阅读理解

一、根据课文内容选择正确答案

1. 为什么北京市房山区周口店龙骨山闻名于世？
   A. 出土了古人类的头盖骨　　　　B. 出土了较完整的猿人化石
   C. 出土了很多猿人化石　　　　　D. 出土了世界上第一具古人类化石

2. 北京人加工石器最重要的方法是：
   A. 锤击法　　B. 砸击法　　C. 砧击法　　D. 以上都是

3. 下面哪个不是北京人的特点？
   A. 比较矮　　B. 会使用火　　C. 不能捕猎大型动物　　D. 能活到60岁的很少

4. 下面哪个演变顺序是正确的？
   A. 北京人→山顶洞人→新洞人　　B. 山顶洞人→北京人→新洞人
   C. 北京人→新洞人→山顶洞人　　D. 新洞人→北京人→山顶洞人

二、根据课文填空

1. 到_____为止，出土的人类化石包括_____件头盖骨、15_____下颌骨、157_____牙齿及_____骨骼碎块，代表了_____40个北京猿人个体。

2. 据统计，北京人_____死于14岁前，_____50岁的_____4.5%。

3. _____年在龙骨山顶部发掘出生活于2万年_____的古人类化石。

词语注释

1. 于

介词"于"，与"在"的用法基本相同，常常用做书面语，引入时间或地点，可用在动词前边或后边。例句：
(1) 中华人民共和国于1949年成立。
(2) 达尔文出生于英国施鲁斯伯里，祖父和父亲都是当地的名医。

2. 为

动词"为"念"wéi"，用于书面，同"是"或"作"。例句：
(1) 数字前边有"+"号的为正数，有"－"号的为负数。

(2) 白云山被称为广州的"市肺"。

介词"为"念"wèi",后面是名词或动词短语,引进动作的受益者。例句:

(1) 爱迪生发明了电灯,扩大了人类活动的范围,使人们可以在更多的时间内为社会创造财富。

(2) 这次实验为制造新产品找到了新的方法。

3. 达

"达到",表示数量多。

(1) 中国地域宽广,总面积达960万平方公里。

(2) 根据世界人口年会6月底公布的统计数字,到2005年6月,世界人口已达64.77亿。

"达+数词"还可用在"高"、"长"、"深"、"多"等形容词后,表明其程度之高。例句:

(1) 今天广州气温高达38摄氏度。

(2) 这条铁路长达5000公里。

(3) 传说中有"湖怪"的喀纳斯湖为深达188米的高山冷水湖。

(4) 据报道,因印度洋海啸灾难而死亡的人数已多达16万人。

词语比较

"约"和"前后"

"约"也可以说"大约",同"大概",用在数词前;"前后"用在时间词后,表示大概的时间。例句:

(1) 这块金属(大)约重二十斤。

(2) 2020年前后,我们的电脑将是什么样的呢?

词语练习

一、找出课文中的"为",注上拼音,想想它的意思

二、请用汉语读出下面的数字

14.3   3.005   46.8%   98.44%   30020.0001

三、用括号里的词改写句子

1. 我们2000年在上海认识。（于）
2. 北京图书馆里的图书有一千零三十万册。（达）
3. 老张每天大概七点回到家。（大约/前后）

阅读 1

吃鱼促进原始人进化

喜欢吃鱼的人聪明，这是很多老百姓的生活经验。但吃鱼曾经促进了原始人进化，英国北伦敦大学迈克尔·克罗夫特教授提出的这个观点却让人耳目一新。

在上海"必需脂肪酸和人类营养健康国际研讨会"上，迈克尔·克罗夫特教授提出：海洋、湖泊食物中的长链不饱和脂肪酸（chángliàn bùbǎohé zhīfángsuān / long-chain unsaturated fatty acid)促进了远古非洲类"智人"的大脑发育，对远古非洲类"智人"的进化有潜在影响。他介绍说，在人体中枢神经系统中，有两种必不可少的长链不饱和脂肪酸：22碳6烯酸(DHA)和花生四烯酸(AA)。人体只能从食物中摄取这两种物质。

科学家认为原始人有两种途径摄取脂肪酸，一种是摄入植物脂肪，另一种是摄入动物脂肪。研究发现，海洋食物中长链不饱和脂肪酸含量最高。

因为当时的原始人类还不会集体捕猎，只能在河流、港湾和海滩采集鱼类、贝类和海鸟蛋作为食物，这样刚好获取了大脑发育急需的长链不饱和脂肪酸。也可能由于他们沿着海洋食物丰富的地带，边吃边走，一代代地进化，不断地向世界其他地方扩展。

（据 http://www.edu.cn/20020429/3025627.shtml·
《研究表明吃鱼曾促进原始人的进化》）

 **生词语**

1. 原始	（形）	yuánshǐ		primitive
2. 耳目一新	（成）	ěrmùyìxīn		refreshing
3. 研讨会	（名）	yántǎohuì		seminar
4. 发育	（动）	fāyù		to grow; to develop
5. 潜在	（形）	qiánzài		latent; potential
6. 中枢神经系统	（名）	zhōngshū shénjīng xìtǒng		central neural system
7. 摄取	（动）	shèqǔ		to absorb; to take in

 专名

迈克尔·克罗夫特　　　　Màikè'ěr Kèluófūtè　　　　Michael Croft, *an English name*

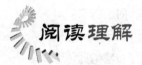 **阅读理解**

根据课文判断正误

1. (　) 很多人都知道吃鱼会使人聪明。
2. (　) "吃鱼促进原始人进化"的观点是迈克尔·克罗夫特教授第一个提出的。
3. (　) 人体中枢神经系统需要DHA或者AA。
4. (　) 海洋食物里的饱和脂肪酸含量最高。
5. (　) 原始人类可以通过捕猎、采集的方法获得食物。
6. (　) 吃鱼使原始人类生活的范围慢慢扩大。

 **词语练习**

请写出意思相近的词
1. 形容感觉与以往大不相同——
2. 吸取——

3. 收集,到处寻找——
4. 路径,比喻为达到目的采取的方式方法——
5. 不能马上看出来的,经过一段时间才能慢慢看到的——

阅读 ② 进化的证据

达尔文的进化论(jìnhuàlùn/theory of evolution)能从化石、动物解剖学和物种的地理分布等许多"证据"中得到支持。这些证据表明,时光越向前回溯,生物越"简单"。

化石是保存在地壳(dìqiào/the earth's crust)岩石中的动植物的残存物。利用化石,我们可以研究生活在几百万年以前的生物。如果化石跟现存动植物相似,我们就可以得出现代物种是如何从共同的祖先(zǔxiān/ancestors)进化而来的理论。

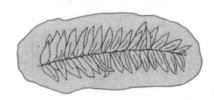

图 1 煤中植物的化石——约 3 亿年的历史

尽管不同物种的动物骨架功能不同,但是如果我们通过解剖学发现它们的骨架结构相像,就可以推断它们是从同一个祖先进化而来的。

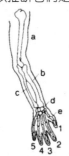 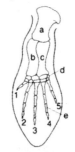

图 2 人前臂中骨的骨架结构　　图 3 鲸鱼鳍的骨架结构

地理环境的变化可能将一个物种分成几个种群(zhǒngqún/species group)。这些种群长期分布在条件不一的环境中生活,为了适应地理环境,它们按不同的方式进化,最后可能形成独立的物种。

除了这三个证据以外,你还知道其他生物进化的证据吗?

(据《牛津图解中学科学》·"进化:证据")

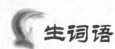

生词语

1. 证据　　　（名）　zhèngjù　　　　evidence; proof
2. 解剖学　　（名）　jiěpōuxué　　　anatomy
3. 物种　　　（名）　wùzhǒng　　　　species
4. 地理　　　（名）　dìlǐ　　　　　　geography
5. 分布　　　（动）　fēnbù　　　　　to be distributed (over an area)
6. 回溯　　　（动）　huísù　　　　　to backdate; to trace
7. 残存物　　（名）　cáncúnwù　　　survivor
8. 理论　　　（名）　lǐlùn　　　　　theory
9. 适应　　　（动）　shìyìng　　　　to adapt; to accommodate

专名

达尔文　　　　Dá'ěrwén　　　Darwin (*Charles Robert ~, 1809—1882, British natural historian, founder of Darwinism*)

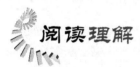

阅读理解

一、根据课文填空

1. 证据表明，越_____的生物，越简单。
2. 生物是不是从同一祖先进化而来，主要看它们的样子或者骨架结构_____。
3. 物种的进化是为了_____地理环境。
4. 课文里跟"相似"意思差不多的词是_____。

二、根据课文回答问题

1. 化石是什么？化石给我们现代人什么启示？
2. 举例说明物种和种群的关系。

阅读 ③

女娲泥土造人

关于人类的起源,全世界各民族都有许多神奇的故事。最有意思的神话之一是中国女娲泥土造人的故事。

话说盘古开辟天地之后,天地间出现了女娲。女娲在荒凉的天地中感到寂寞,于是她抓起泥土,和上水,照自己的样子捏出泥偶(ní'ǒu/mud doll),放在地上,迎风一吹,泥偶就变成活蹦蹦的东西,女娲给泥偶命名为"人"。

一开始女娲一个接一个地造人,后来她觉得非常累,就想了个办法:用草编了一条绳子,在和了水的泥里一搅,然后一甩绳子,洒落了许多泥点,这些泥点落在地上,风一吹,都变成了人。她不停地挥动绳子,大地上的人也不断地增多了。

(据《蒙牛教你通古今》)

生词语

1. 起源	(名)	qǐyuán	origin
2. 神话	(名)	shénhuà	myth
3. 开辟天地	(成)	kāipì tiāndì	to creat the world
4. 荒凉	(形)	huāngliáng	barren
5. 和	(动)	huò	to mix
6. 捏	(动)	niē	to knead with the fingers
7. 挥动	(动)	huīdòng	to brandish; to wave

专名

1. 女娲   Nǚwā   *Nvwa, a goddess in Chinese mythologies, who created all beings in the world*

2. 盘古　　　　　Pángǔ　　　Pangu, *the primal god, who created the world*

阅读理解

一、复述中国关于人类起源的神话故事

二、说说你们国家关于人类起源的神话故事

词语练习

请找出文中表示手的动作的词语，并跟老师一起模仿

例：打、捏

阅读新知

科技汉语文体特点

　　科技文体对客观事物的描述要求准确、完整、逻辑严密。为达到精确性和严密性的要求，中文科技文章经常使用含有许多定语、状语、补语等附加语法成分、语法结构比较复杂、表达具体严密而信息容量较大的单句句式。例如：

　　(1) 我国38所大学学报(自然科学版)2003年第一期共发表论文1064篇。

　　在表示因果、递进、转折等语法关系时，连词是必不可少的。正确使用连词可以增强表达的逻辑性。例如：

　　(2) 动物经常在生命周期中面临食物资源短缺而受到饥饿的威胁。即使在饲养条件下，它们也会因食物供给不足而经受饥饿。

第二课 大气层的形成

课文

我们生活在大气层里,大气层里的气体是生命必需的物质。大气层跟生物一样,也经过了长时间的进化,最后才形成现在的大气层。

大约45亿年前,地球上的火山活动产生了水蒸气、二氧化碳(CO_2)、二氧化硫(SO_2)、氮气(N_2)和其他气体,这是最早的大气层。水蒸气在阳光的作用下,一部分分解成氢(H_2)和氧(O_2)。这样,大气层里气体的主要成分就变成水蒸气、氮、二氧化碳和氧。有了氧气,就为生命的产生创造了条件。

距今约19亿年前,海边和海里开始有绿色植物;5亿年前,陆地上出现动物。植物利用二氧化碳进行光合作用,释放出氧气。动物吸入氧气,呼出二氧化碳。植物和动物的出现和大量繁殖,改变了原始大气层的成分,最后逐渐稳定下来,形成了现在的比例:氮气约占78%,氧气约占21%,氩气(Ar)约占0.09%,其他气体一共不到1%。

可以说,动植物对大气层的形成起了关键的作用。因此,保护自然界动植物对于维护我们赖以生存的大气层是至关重要的。

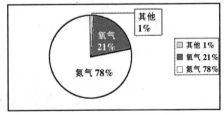

(据《牛津图解中学科学》·《大气层的进化》)

生词语

1. 大气层	（名）	dàqìcéng	aerosphere
2. 形成	（动）	xíngchéng	to form; to come into being
3. 物质	（名）	wùzhì	substance
4. 水蒸气	（名）	shuǐzhēngqì	vapor
5. 分解	（动）	fēnjiě	to decompose
6. 成分	（名）	chéngfèn	component
7. 繁殖	（动）	fánzhí	to reproduce
8. 光合作用	（名）	guānghé zuòyòng	photosynthesis
9. 稳定	（形）	wěndìng	stable; steady
10. 比例	（名）	bǐlì	proportion
11. 自然界	（名）	zìránjiè	nature
12. 赖以生存	（成）	làiyǐ shēngcún	persons or things rely for existence

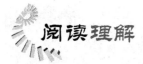

一、根据课文内容，选择正确答案

1. 地球上最早的大气层产生的原因是：
   A. 绿色植物的出现　　B. 阳光的作用
   C. 地球上的火山活动　　D. 动物的出现

2. 氧气是怎样产生的？
   A. 火山活动直接产生的
   B. 水蒸气在阳光的作用下分解成的
   C. 植物利用二氧化碳进行光合作用，释放出氧气
   D. 植物和动物的出现和大量繁殖

3. 在现在大气层的成分中，比例由大到小的顺序依次是：
   A. 水蒸气、二氧化碳、二氧化硫、氮气和其他气体
   B. 水蒸气、氮、二氧化碳和氧气
   C. 氧气、二氧化碳、二氧化硫
   D. 氮气、氧气、氩气和其他气体

二、根据课文填空

1. 大气层_____生物_____,也经过了长时间的进化,最后才_____现在的大气层。
2. 水蒸气_____阳光的作用_____,一部分分解成氢和氧。
3. _____,动植物对大气层的形成起了关键的作用。_____,保护自然界动植物_____维护我们赖以生存的大气层是至关重要的。

三、根据课文内容连线

1. 距今约19亿年前   A. 陆地上出现动物
2. 大约45亿年前   B. 海边和海里开始有绿色植物
3. 5亿年前   C. 地球上的火山活动产生了水蒸气、二氧化碳、二氧化硫、氮气和其他气体

词语注释

1. 形成

   经过发展然后变成或者构成。
   (1) 经过多年的种植,铁路沿线形成了一片绿化带。
   (2) 从20世纪90年代开始,这里的商家逐渐增多,形成了现在的商业区。

2. 在……下

   "在……下"中多为名词短语,表示一定的条件或原因,整句的意思是因为这个名词短语的影响而产生后面的情况。
   (1) 在地球吸引力的作用下,人可以在大地上行走。
   (2) 在同学的帮助下,我的学习进步得很快。

3. 对于

   引进要说明的对象或事物。
   (1) 大气层对于人类生存很重要。
   (2) 对于这个问题,我会想办法解决的。

词语比较

"利用"和"使用"
　　两者都有"用"的意思："利用"常常是能从中得到好处的；"使用"多为习惯性的，一般性的"用"。
　　(1) 很多地方利用水力发电。
　　(2) 我利用假期学习英语。
　　(3) 他利用旧纸盒做了个儿童玩具。
　　(4) 他使用旧纸盒装东西。

词语练习

一、选择适当的词语填空

A. 利用　　B. 使用

1. 现在大多数人会_____计算机。
2. 充分_____废旧物品是保护地球的方法之一。
3. 小王能_____三种语言与人交流。
4. 这个假期要好好_____。

二、用括号里的词语改写句子

1. 英语没有声调，法语也没有声调。（跟……一样）
2. 我喜欢看历史书，小王也喜欢看历史书。（跟……一样）
3. 动物呼吸，植物也呼吸。（跟……一样）
4. 我一点儿也不懂飞机制造。（对于）
5. 很多人觉得学汉语比较难。（对于）
6. 我多次追问，他才告诉我真相。（在……下）
7. 现在的大气是因为有植物的参与才慢慢形成的。（在……下）

第二课 大气层的形成

阅读 ①

海洋微生物也可进行光合作用

众所周知，陆地植物利用叶绿素进行光合作用，可以将光能(guāngnéng/luminous energy)转化为自己的能量。科学家最近发现，除了植物之外，一些海洋微生物也能进行光合作用。美国微生物学家艾得·德隆说，这是一种转化太阳能量的新方法。过去人们从没想到海洋微生物会存在光合作用，可现在的研究发现有10%左右的海洋微生物都用这种转化能量的方法来制造养分。这也是生物适应环境的生存方式。

研究发现，一些海洋微生物体内含有视紫质(shìzǐzhì/rhodopsin)。视紫质通常在人体的视觉细胞(shìjué xìbāo/vision-cell)中，是一种感光体，在接收外界光线以后，可以通过复杂的生化反应将光能转化为神经信号。而海洋微生物中的视紫质则将光线转化为推动新陈代谢的能量，整个过程就是海洋微生物体的光合作用。研究人员说，这一发现解答了过去一直存在的疑问，就是为什么海洋中众多微生物在没有食物的情况下能够生存下去，而且还提示人们将来可以利用海洋微生物光合作用产生能量的原理来制造生物太阳能电池(diànchí/battery)。

(据《科技之光》)

1. 微生物	(名)	wēishēngwù		bacterium; microbe
2. 叶绿素	(名)	yèlǜsù		chlorophyll
3. 能量	(名)	néngliàng		energy
4. 养分	(名)	yǎngfèn		nutrient
5. 感光体	(名)	gǎnguāngtǐ		sensitization material

15

6. 生化反应	（名）	shēng-huà fǎnyìng	biochemistry reaction
7. 神经信号	（名）	shénjīng xìnhào	nerval signal
8. 新陈代谢		xīnchéndàixiè	to metabolize; metabolism
9. 原理	（名）	yuánlǐ	maxim; principle

专名

艾得·德隆	Àidé Délóng	Ed Delon, *an English name*

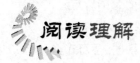

阅读理解

一、根据课文判断正误

1.（　）科学家最近发现,植物和所有海洋微生物都能进行光合作用。
2.（　）海洋微生物通过光合作用来制造养分实际上是适应环境的一个表现。
3.（　）只有在一些海洋微生物体内才含有视紫质。
4.（　）海洋微生物中的视紫质能将光能转化为神经信号。
5.（　）海洋中众多微生物在没有食物的情况下不能够生存。

二、回答问题

1.海洋微生物的光合作用是怎样发生的？
2.我们可以利用海洋微生物的光合作用做什么？

猜测下面词语的意思

能：光能　动能　电能　热能　风能
体：感光体　球体　立方体　导体
信号：神经信号　电信号　信号灯
反应：生化反应　化学反应

阅读 ②

温室效应真的那么可怕吗

地球的大气层和云层阻止地球表面的热量向外散发,使地球表面平均气温上升,叫做温室效应。

一说温室效应,人们就想起灾难。其实温室效应并不可怕,相反,它是地球上众多生命的保护神,是生命赖以生存的必要条件。如果没有温室效应,地球就像一面镜子,直接反射太阳辐射,使太阳的热量很快地穿过大气层回到宇宙中去,那么地球上的气温将下降33℃,使地球变成一个寒冷荒凉的世界。正是有了温室效应,才使地球保持了相对稳定的气温,使生命得以生存和繁衍下去。

近年来,人口激增、人类活动频繁,燃料(ránliào/fuel)用量猛增,再加上森林破坏严重,使大气中二氧化碳和各种气体微粒含量不断增加,加剧了温室效应,导致全球变暖,给气候、生态环境及人类健康等带来许多不良影响,并让人们对温室效应产生了恐惧。

(据《三思科学》)

生词语

1. 温室效应	(名)	wēnshì xiàoyìng	greenhouse effects
2. 阻止	(动)	zǔzhǐ	to hinder; to prevent
3. 反射	(动)	fǎnshè	to reflect
4. 辐射	(动)	fúshè	to radiate
5. 宇宙	(名)	yǔzhòu	universe
6. 频繁	(形)	pínfán	frequent; repeated
7. 加剧	(动)	jiājù	to exacerbate; to accelerate
8. 生态环境	(名)	shēngtài huánjìng	ecological environment
9. 不良	(形)	bùliáng	harmful; not good

阅读理解

回答问题

1. 什么是"温室效应"？
2. "温室效应"的作用是什么？
3. 人们为什么对"温室效应"产生了恐惧？

词语练习

一、写出近义词

频繁—— 　　　　导致—— 　　　　联系——

荒凉—— 　　　　可怕—— 　　　　散发——

二、查词典找出"射"的意思并写出几个含"射"的词

如：辐射、反射

阅读 3

比冰更冷的"冰"

二氧化碳加压后变成固体，跟冰非常相像。不同的是固体状态的二氧化碳温度比冰低得多（-78.5℃），在常温下融化时能直接变为二氧化碳气体，而周围仍旧干干的，不像冰融化后会留下水迹，所以固体的二氧化碳又叫"干冰"。干冰可做制冷剂，用来冷藏鱼、肉之类的食品。这样食品可以存放更长时间，又不会潮湿，非常环保方便。

干冰还是人工造雨的能手。用飞机把干冰撒播到云中，干冰蒸发时吸收大量的热量，使空气里的水蒸气迅速冷凝，积聚成水滴降落下来。

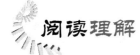

生词语

1.	加压	（动）	jiāyā	to add pressure
2.	固体	（名）	gùtǐ	solid
3.	融化	（动）	rónghuà	to thaw; to melt
4.	制冷剂	（名）	zhìlěngjì	cryogen
5.	环保	（形）	huánbǎo	environmental-friendly
6.	蒸发	（动）	zhēngfā	to evaporate

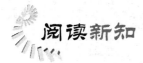

阅读理解

回答问题
1. 为什么固体二氧化碳又叫"干冰"？
2. 干冰有哪些用途？请说说你知道的干冰的用途。

阅读新知

词汇特点——气体的汉语表示

在汉语中气体多用形声字表示。"气"字旁是形旁，表示是一种气体，再用声旁来表示大致的发音。如：

氧，表示氧气(O_2)，读音近似于"羊"，声调为三声。

氮，表示氮气(N_2)，发音跟"淡"相同。

请你试着读一读下面气体的名字，然后到词典中找一下看看它们都是什么气体：氢气、氖气、氟气、氦气、氩气。

第三课　元素周期表

课文

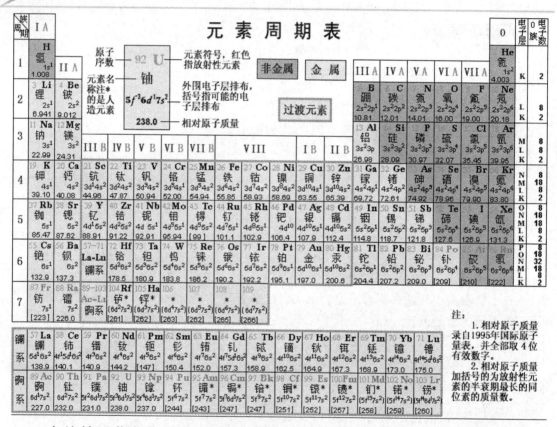

自从俄国著名化学家(huàxuéjiā/chemist)门捷列夫发现元素周期表后，人们对地球上大概有多少化学元素有了比较清楚的了解。现在人们都知道世界是由物质组成的,而各种各样的物质是由100多种化学元素构成的。

元素周期表上一共排列着118种化学元素，每种元素排列的位置(wèizhi/position;seat)反映其化学性质。水平(shuǐpíng/horizontal)排列的一行元素称为周期,在一个周期中的元素化学性质不同。一般来说,从左到右元素性质表现为从金属性向非金属性过渡的趋势。垂直(chuízhí/vertical)排列的一列元素称为族,同一族包含的元素化学性质相似。

在元素周期表的左方是典型的金属元素,如钠(Na)、钾(K)、镁(Mg)、钙(Ca)等;在元素周期表的右方是典型的非金属元素,如氟(F)、氯(Cl)、氧(O)、硫(S)等;在元素周期表中部的过渡金属元素中,有我们熟悉的铁(Fe)、铜(Cu)、锌(Zn)、金(Au)、银(Ag)等;在元素周期表中部偏右处是一些常常用于信息技术中的具有半导体功能的元素,如硅(Si)、锗(Ge)、砷(As)等;在元素周期表的下方是放射性元素,其中有一些是人工制造的。

目前科学家正在用人工合成的方法寻找新的化学元素。据推测,化学元素可能多达 175 种。

生词语

1. 元素周期表			Yuánsù Zhōuqībiǎo	Periodic Table of Elements
2. 排列	(动)		páiliè	to array; to put in order
3. 其	(代)		qí	it, its
4. 性质	(名)		xìngzhì	property; character
5. 周期	(名)		zhōuqī	period; cycle
6. 金属性	(名)		jīnshǔxìng	metallicity
7. 过渡	(名)		guòdù	transition; interim
8. 趋势	(名)		qūshì	trend; direction; tendency
9. 族	(名)		zú	species; tribe
10. 典型	(形)		diǎnxíng	typical; representative
11. 信息技术	(名)		xìnxī jìshù	information technology
12. 半导体	(名)		bàndǎotǐ	semiconductor
13. 放射性	(名)		fàngshèxìng	radioactivity
14. 人工合成	(动)		réngōng héchéng	to synthesize artificially
15. 推测	(动)		tuīcè	to infer; to suppose

专名

门捷列夫		Ménjiélièfū	Mendeleev (Dmitri Ivanovich ~, 1834—1907, Russian chemist)

阅读理解

一、判断正误

1. （　）元素周期表是俄国著名化学家门捷列夫发现的。
2. （　）元素周期表上水平排列的一行元素称为族，垂直排列的一列元素称为周期。
3. （　）在一个周期中的元素化学性质不同，一般来说，从左到右元素性质表现为从非金属性向金属性过渡的趋势。
4. （　）同一族包含的元素化学性质相似。
5. （　）氧和硫等是典型的非金属元素，在元素周期表的右方。
6. （　）一些常常用于信息技术中的具有半导体功能的元素，在元素周期表的中部。
7. （　）元素周期表里的元素都可以从大自然中找到。

二、根据课文填空

1. 现在人们都知道世界是由_____组成的，而各种各样的物质是由_____多种化学元素_____的。
2. 在元素周期表的下方是_____元素，其中有一些是_____制造的。
3. _____科学家正在用人工合成的方法寻找新的化学元素。_____推测，化学元素可能多_____175 种。

三、看元素周期表，找出跟"汞(Hg)"同属一个周期的三种元素，再找出跟"碘(I)"具有相似化学性质的两种元素

词语注释

1. 自从

   引进时间，表示从那一个时间开始。
   (1) 自从上中学开始，我就每天跑步。
   (2) 自从有了互联网，世界就变小了。

2. 称为

用于给出一个固定的名称。

(1) 书的第一页称为扉页或内封。

(2) 计算机也称为电脑。

3. 简单化学分子式的读法

在汉语中含有不止一个元素的分子式从后向前读,有两个元素的,在元素之间加"化"。

CO_2 读为二氧化碳

SO_2 读为二氧化硫

单独元素的气体不用读数字,只读元素名字,并在最后加"气"。

O_2 读为氧气

N_2 读为氮气

词语比较

1. "具有"和"有"

"具有"与"有"相比较而言,多用于抽象(abstract)的事物,用于书面。

(1) 哈尔滨的建筑具有东欧特点。

(2) 他的小说对年轻人具有很大的吸引力。

(3) 我有很多本小说。

(4) 中国有十三亿人口。

2. "组成"和"构成"

"组成"和"构成"都有由不同的部分或个体组合成一个整体的意思。"组成"可用于事物或人的组合,部分或个体与整体多为平面的组合关系,如:

(1) 我们班是由来自不同国家的同学组成的。

(2) 从一点画出两条线就组成一个角。

"构成"只用于指事物的组成,由人组成的集体不能用构成,强调各部分联系较密切,各部分与整体的组合关系多为立体的,如下面的例句:

(3) 一般来说,原子构成分子,分子构成各种各样的物体。

(4) 这片防风林由十二行树构成。

(5) 根据有关规定(rule),马路上行人之间发生的事故,不构成道路交通事故。

3. "据"和"根据"

二者都用来引出说话做事下结论的依据。比较起来,"据"为书面语,可以跟单音节名词组合,"根据"不能:

据实报道＝根据事实报道

"据"可以跟"说"、"报"、"闻"、"传"等直接组合,"根据"不能:

(1) 据说,他们明天出发。
(2) 据报,这周会有大雨。

"据"常跟"……说"、"……看来"等小句一起使用,用"根据"时,要把这些小句变为名词性短语:

(3) 据我朋友说,北京的春天风很大。
(4) 据我看来,这件事情决定以前要再认真考虑考虑。
(5) 根据教师们的意见,教学计划又修改了一次。

"据"多用于句首,"根据"则不一定:

(6) 我们是根据简单明白的原则来解释词语的。

词语练习

一、根据课文填空

(1) _____报道,今年夏天是_____1950年以来的第二个热夏。
(2) _____金属特点的元素被我们_____金属元素。
(3) 元素周期表是_____元素的化学_____排列的。

二、选择填空

(1) 我很喜欢看_____南方风情的电视剧。(有、具有)
(2) 那些寺庙是清朝修建的,很_____看头。(有、具有)
(3) _____上级的规定,国庆节只放假两天。(据、根据)
(4) _____报道,国际足球邀请赛将于8月在黄村举行。(据、根据)
(5) _____他说,当时王芳不在北京学习,而是在上海。(据、根据)
(6) 文房四宝是由笔、墨、纸、砚_____的。(组成、构成)
(7) 他的行为已经_____了盗窃罪。(组成、构成)

三、写出反义词

垂直——   熟悉——   分解——   清楚——

四、猜测词义

性:金属性　典型性　词性　线性　综合性

技术:信息技术　加工技术　工业技术　技术人员

五、读下列分子式

CO_1　　NaCl　　$AlCl_3$　　SiC　　ZnS　　KF　　H_2

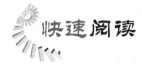

阅读 ①

硅器时代

　　在人类发展的历史中,材料(cáiliào/material)、器具(qìjù/utensil;appliance)的使用和制造促进了人类智慧的不断提高,成为人类社会进化的里程碑。所以历史学家会把材料、器具作为划分时代的标志,比如古时候有石器时代、陶器时代、铜器时代、铁器时代等等。

　　1958年,美国工程师杰克·基尔比为了简化电路的设计,将一些电子元件集成在了一块硅材料上。自此以后,硅作为半导体,成为集成电子元件的主要材料。集成半导体推动了整个电子时代的运转,使世界经济和科技得到了高速的发展。

　　如今,半导体集成电路无处不在,移动电话、计算机、互联网拉近了人与人之间的距离。电视、MP3、汽车、冰箱,这些半导体无时无刻不在我们身边。可以说,我们的生活离不开半导体器具,把现代社会叫做"硅器时代"一点也不为过。

生词语

1. 智慧	（名）	zhìhuì	intelligence; wisdom
2. 标志	（名）	biāozhì	sign; mark
3. 简化	（动）	jiǎnhuà	to simplify; to reduce
4. 电路	（名）	diànlù	electric circuit
5. 电子元件	（名）	diànzǐ yuánjiàn	electronic component
6. 集成	（形）	jíchéng	integrated
7. 移动电话	（名）	yídòng diànhuà	mobile telephone
8. 互联网	（名）	hùliánwǎng	internet

专名

1. 陶器时代　　　　　Táoqì Shídài　　　　　Pottery Age
2. 铜器时代　　　　　Tóngqì Shídài　　　　　Bronze Age
3. 铁器时代　　　　　Tiěqì Shídài　　　　　Iron Age
4. 杰克·基尔比　　　Jiékè Jī'ěrbǐ　　　　　Jack Kilby (Jack St. Clair Kilby, 1923—2005, American engineer, Nobel Prizer in 2000)

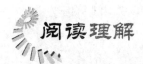

回答问题

1. 为什么历史学家会把材料、器具作为划分时代的标志？
2. 集成半导体是怎样发明的？
3. 文章最后一句"人们把现代社会叫做'硅器时代'一点也不为过"中的"一点也不为过"是什么意思？
4. 据你所知，世界上硅材料器具最多的地方在哪里？

词语练习

一、用所给词语完成句子

促进　无时无刻　简化　标志

1. 同屋每天都与我说汉语，_____。
2. 铜器的出现_____。
3. 我们的地球一直都围着太阳转，也就是说_____。
4. 繁体字太不便于书写了，_____。

二、把下列词语按一定顺序组成一句话

1. 器具 和 促进 的 智慧 使用 提高 材料 了 人类 不断 制造 的

2. 发展 了 经济 "集成半导体" 使 和 世界 的 高速 科技 得到

阅读 2

替代石油的能源

最近石油价格再创新高，它又一次提醒人们现代社会越来越依赖石油能源。我们不禁要问：石油用完了怎么办？有没有用之不尽而又比石油环保的能源？

据了解，科学家正在开发一种替代汽油的能源，那就是液氢(H_2)燃料。液体氢和氧反应后只释放出水，是一种完全没有尾气污染的洁净能源。

世界上的一些大汽车生产厂家，如宝马公司、福特公司、通用公司和丰田公司已经在积极开发制造使用液氢燃料电池的汽车了。

中国早就成功研制过燃氢汽车了。在试验中，燃氢汽车可乘坐 12 人，以每小时 50 千米(qiānmǐ/kilometer)的速度行驶 40 千米。国外也有人正在研制超声速燃氢飞机。

据研发人员介绍，为 2008 年北京奥运会研制的液氢燃料电池的公共汽车出现在北京街头后，这种用氢气做燃料的公共汽车将实现零污染。

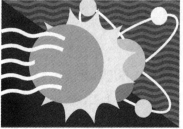

生词语

1. 替代　　　（动）　tìdài　　　　　to substitute for; to take the place of
2. 石油　　　（名）　shíyóu　　　　petroleum
3. 能源　　　（名）　néngyuán　　　energy sources
4. 用之不尽　（成）　yòngzhībújìn　　endless use
5. 开发　　　（动）　kāifā　　　　　to develop; to exploit
6. 污染　　　（动）　wūrǎn　　　　to pollute
7. 研制　　　（动）　yánzhì　　　　to manufacture; to develop
8. 试验　　　（动）　shìyàn　　　　to text
9. 速度　　　（名）　sùdù　　　　　speed

专名

1. 宝马公司　　Bǎomǎ Gōngsī　　　Bavarian Motor Works, abbr.BMW
2. 福特公司　　Fútè Gōngsī　　　　Ford Motor Company
3. 通用公司　　Tōngyòng Gōngsī　　General Motors Corporate
4. 丰田公司　　Fēngtián Gōngsī　　 Motor Corporation
5. 奥运会　　　Àoyùnhuì　　　　　the Olympic Games

阅读理解

一、根据课文填空

　　_____了解，科学家正在_____一种替代汽油的能源，那就是液氢(H_2)燃料。液体氢和氧_____后只释放出水，是一种完全没有尾气_____的洁净能源。

二、回答问题

1. 有没有能替代汽油既用之不尽又环保洁净的能源？
2. 为什么说液氢(H_2)燃料是一种完全没有污染的洁净能源？
3. 请你介绍一下液氢(H_2)燃料的试验和应用情况。
4. 你们国家现在有什么可以代替石油的能源？

阅读 ③

教你识别有毒无毒塑料袋

日常生活中人们大量使用塑料袋(sùliàodài/plastic bag),你知道你用的塑料袋是有毒还是无毒的吗?教你几个识别的办法。

(1)燃烧的方法。燃烧时,火焰(huǒyàn/flame)为蓝色,火焰上端呈黄色,散发出石蜡(shílà/paraffin)的气味,这样的塑料袋是无毒的;极难燃烧,燃烧后火焰显黄色,外边为绿色,有一股刺激气味,这是有毒塑料袋。

(2)用手用力抖动塑料袋,发出清脆响声的是无毒塑料袋,声音又小又闷的是有毒塑料袋。

(3)将塑料袋放入水中,用手按到水底,浮上水面的是无毒塑料袋,沉在水底的是有毒塑料袋。

(4)抚摸塑料袋的表面,感觉光滑的是无毒塑料袋,粗糙不平的是有毒塑料袋。

(据《e 时代 N 个为什么——材料》)

生词语

1. 识别	(动)	shíbié	to distinguish; to recognise
2. 有毒	(形)	yǒudú	poisonous; venomous
3. 刺激	(形)	cìjī	irritating; irritative
4. 抖动	(动)	dǒudòng	to shake
5. 清脆	(形)	qīngcuì	clear and melodious
6. 光滑	(形)	guānghuá	smooth

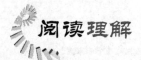

根据课文内容填表

识别办法 \ 塑料袋类型	无毒	有毒
燃烧		
用手用力抖动		
放入水中，按到水底		
抚摸塑料袋的表面		

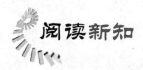

一、在文章中找出下列词语的反义词

　　光滑——　　浮——　　闷——

二、找出文章中表示手的动作的词

词汇特点——元素的汉语表示

　　大部分元素的汉字表达跟气体一样，也是用形声字，即汉字的一部分表示意义，另一部分表示大致发音。例如表示气体用"气"字旁：氧、氩、氯；表示金属用"金"字旁：铜、锌、钛；表示非金属性的"石"字旁：碳、碘、砷。
　　请你在元素周期表中按汉字偏旁把元素归一下类，并试着用汉语念一下。

第四课 记数的历史

课文

人类祖先最早用"记数"来记录自己的活动。最原始的记数方式是"结绳"。所谓"结绳",就是用在绳上打结(jié/knot)的办法来记录事情,大事用大绳,小事用小绳,结的多少表示事情的多少。

后来人们改用刀在竹、木或石头上面刻痕(hén/mark;trace)来记数。到了三千多年前,文字的使用已经很普遍,把文字或符号(fúhào/symbol)刻在动物骨头和器具上作为记数的方法也屡见不鲜。

现在人们都习惯用十进位值制。所谓"十进",就是逢十进一,所谓"位值",就是同一个数字符号在不同的位置表示不同的数值。十进制是记数法当中最自然的一种,因为人有十个手指,利用手指做简单的加、减、乘、除运算,都非常容易。

随着科技的发展,由于各种不同的需要,除了十进位值制以外,人们还使用多种进位制,最有代表性的是计算机中常用的二进制,"二进"就是满二进一,把"0"和"1"放在不同的地方,表示不同的位值。二进制是各种位值制中运算法则最简单的一种,机器操作起来十分快捷,给计算机的设计带来了方便。

(据《改变人类的科学活动》)

生词语

1. 记录　　　　（动）　　jìlù　　　　　to note; to record
2. 所谓　　　　　　　　　suǒwèi　　　　what is called; so-called
3. 普遍　　　　（形）　　pǔbiàn　　　　general; common
4. 屡见不鲜　　（成）　　lǚjiànbùxiān　it is common occurrence; nothing new
5. 逢　　　　　（动）　　féng　　　　　to reach; to meet
6. 数值　　　　（名）　　shùzhí　　　　numerical value
7. 运算　　　　（动）　　yùnsuàn　　　 to calculate
8. 随(着)　　　（介）　　suí(zhe)　　　according to
9. 法则　　　　（名）　　fǎzé　　　　　rule
10. 操作　　　 （动）　　cāozuò　　　　to operate; to manipulate

阅读理解

一、画图或用数字举例解释下列词语

1. 结绳
2. 十进制
3. 二进制

二、回答问题

1. 刻痕记数法的材料是什么？
2. 为什么说十进制是记数法当中最自然的一种？
3. 为什么计算机常用二进制？

三、根据课文填空

1. 到了_____多年前，文字的使用已经很普遍，把文字或符号刻在动物骨头和器具上_____记数的方法也屡见不鲜。
2. 十进制是记数法当中最自然的一种，_____人有十个手指，利用手指做简单的_____、减、_____、除运算，都非常容易。
3. _____各种不同的需要，_____十进位值制以外，人们还使用多种进位制，最有代表性的是计算机中常用的二进制。

第四课　记数的历史

词语注释

1. 所谓……就是……

   用"所谓"提出需要解释的词语,"就是"后解释说明词语的意思。
   (1) 所谓汉字就是用来记录汉语的书面符号。
   (2) 所谓太阳能就是太阳的能量。

2. 随着

   常用"随着 A,B……"的句型,"随着"多放在句首,表示 B 因为 A 的变化也跟着变化。
   例如:
   (1) 随着社会的发展,人们更注意环保了。
   (2) 随着夏天的到来,超市的水果更多了。

3. 除了……以外

   "除了"有两种用法:
   首先,排除不同的,后面常常用"都"或"全"呼应。如:
   (1) 高等数学除了微积分以外,别的我都觉得不太难。
   (2) 除了小一点以外,这房子其他地方都不错。
   其次,课文中的用法。排除已经知道的,补充其他,后面常用"还"或"也"呼应。如:
   (3) 除了计算机科学以外,我们学校还有生物工程专业。
   (4) 除了化学以外,他也学习历史。

词语比较

"因为"和"由于"

　　都表示原因,"因为"比"由于"用得广泛;"由于"更书面化,可以跟"因此"、"因而"、"所以"搭配;"因为"常常与"所以"搭配使用。用"由于"的分句,只能放在表示结果的分句之前,不能放在后面;"因为"的用法不受此限。下面二例不能互相替换。
　　(1) 由于教练的战术比较好,因而他们取得了这场比赛的胜利。
　　(2) 我是乘电缆车上的泰山,因为那年冬天泰山的雪很大。

一、填写适当的词语

1. 中国古代_____过十六位值制。_____"十六进",就是_____十六进一,_____"位值",_____同一个数字符号在不同的_____表示不同的数值。成语中有"半斤八两",在古代半斤_____八两。

2. _____科学的发展,人们用来记录的办法越来越多。文字记录非常_____,音像记录也已_____了。

3. 到过东京的_____他以外,还有三个人。

4. _____年龄的增长,他的女儿越来越漂亮了。

5. _____新同学以外,其他人也想去。

6. 我们班数学厉害的除了他以外,_____有两个男生。

7. 除了这间以外,所有的房间_____住满人了。

8. _____事先做了充分的准备,因而展览会办得非常成功。

9. _____经济的发展,人们的文化生活水平大大地提高了。

二、给出意思相近的词

1. 看见过多次就不觉得新鲜了——
2. 普通的,到处都有——
3. 记录时用的标志——
4. 刀等刻出的印儿——
5. 很快的——
6. 运算时遵守的规则——

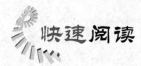

圆周率

人们很早就知道圆的周长(zhōucháng/perimeter)和它的直径(zhíjìng/diameter)

的比值(c:d)是一个常数。我们把这个常数叫做圆周率,用符号 π 来表示。

圆周率 π 的值是怎样算出来的呢? 一般是利用圆的内接或外切多边形(duōbiānxíng/polygon)的周长,近似地替代圆的周长。在半径为 r 的圆中,内接正六边形的周长是 6r,它与圆的直径的比是 $\frac{6r}{2r}=3$,这个比值与 r 无关。也就是说,不管圆的大小怎样,它是一个常数。

我国古代数学家祖冲之在公元(gōngyuán/Christian era)5 世纪就已算出 π 的值在 3.1415926 与 3.1415927 之间,是世界上最早的 7 位小数精确值,比其他国家早一千年左右。现在已经有人利用计算机把 π 的值精确到小数点后一百万位。一百万位小数就完了吗? 永远算不完,π 是个"无尽"的数,是一个无限不循环的数,也就是说,π 是个无理数。

(据《科技汉语》(汉维版))

1. 圆周率	(名)	yuánzhōulǜ	circumferential ratio
2. 比值	(名)	bǐzhí	ratio
3. 内接	(形)	nèijiē	inscribed
4. 外切	(形)	wàiqiē	circumscribed
5. 近似	(形)	jìnsì	approximate
6. 与	(连)	yǔ	and; with
7. 精确值	(名)	jīngquèzhí	accurate value
8. 无限	(形)	wúxiàn	infinite; boundless; limitless
9. 循环	(动)	xúnhuán	to circle

专名

祖冲之　　Zǔ Chōngzhī　　　　Zu Chongzhi, 429–500, Chinese mathematician

阅读理解

回答问题

1. 什么叫做圆周率？
2. 圆周率 π 的值是怎样算出来的？除了课文说的方法以外，你还知道其他计算 π 的方法吗？
3. 什么是无理数？请你写出几个无理数。

词语练习

一、用课文中的名词填空

1. 圆的周长和它的直径的比是 _____。
2. 无限不循环的数被称为 _____。
3. 圆上最远两点的距离称为 _____。

二、猜测下面反义词的词义

内接——外接　　　内切——外切　　　直径——半径
无理数——有理数　精确值——近似值

阅读 ②　　

　　方程是含有未知数的等式。能够使方程两边相等的未知数的值叫做方程的解。只含有一个未知数的方程的解也叫做方程的根。求方程的解的过程，叫做解方程。通过解方程，可以求出使方程左右两边的值相等的未知数的值（方程的解），使原来的"未知"变为"知"。

方程中的未知数简称为元,未知数的最高次数叫做方程的次数。一元一次方程,就是含有一个未知数,并且未知数的次数是一次的方程。解一元一次方程,就是通过去分母($\frac{2}{3}x+\frac{1}{4}=6 \rightarrow 8x+3=72$)、去括号($3(x+5)=10 \rightarrow 3x+15=10$)、移项($3x+15=10 \rightarrow 3x=10-15$)、合并同类项($8x-5+2x=6 \rightarrow 10x=11$)等步骤,把方程化成最简方程 $ax=b$ 的形式,当 $a \neq 0$ 时,得到方程的解 $x=\frac{b}{a}$。

方程未知数的最高次数高于一次的方程,叫做一元多次方程。最常见的有一元二次方程和一元三次方程。解这些方程的基本方法跟解一元一次方程相似。不同的是,把方程化成 $x^2(x^3)=\frac{b}{a}$ 以后,还得通过开平方($x^2=4 \rightarrow x=\sqrt{4}=2$)或开立方($x^3=64 \rightarrow x=\sqrt[3]{64}=4$),才能得到方程 x 的解。

(据《科技汉语》(汉维版))

生词语

1. 方程	(名)	fāngchéng	equation
2. 未知数	(名)	wèizhīshù	unknown number
3. 等式	(名)	děngshì	equation
4. 求	(动)	qiú	to calculate; to seek
5. 通过	(介)	tōngguò	by means of; by way of
6. 简称	(名)	jiǎnchēng	abbreviation
7. 次数	(名)	cìshù	degree; time
8. 分母	(名)	fēnmǔ	denominator
9. 括号	(名)	kuòhào	parenthesis; bracket
10. 步骤	(名)	bùzhòu	procedure

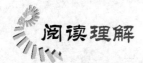

阅读理解

一、根据课文填空

方程中的未知数简称为_____,未知数的_____叫做方程的次数。一元一次方程,就是含有一个_____,并且未知数的_____是一次的方程。_____一元一次方程,可通过去分母、去括号、移项、合并同类项等_____。

二、看式子,指出下列相应的概念

$$2x^3+4x^2+x-10=24$$

$$\frac{3(x+8)}{5}=20$$

$$x=2$$

1. 方程:
2. 方程的解:
3. 方程的根:
4. 元:
5. 方程的次数:
6. 一元一次方程:
7. 一元多次方程:

三、请解下列方程,并把解方程的过程用汉语描述出来

1. 甲、乙两车站之间的距离(jùlí/distance)为284km,一列慢车从甲站开往乙站,每小时行48 km,慢车行了1小时;另有一列快车从乙站开往甲站,每小时行70 km,快车开出几小时后跟慢车相遇(xiāngyù/meet)?

解:设

答:

2. $(2x+3)^2=3(4x+3)$

第四课 记数的历史

生活中的数轴

所谓数轴,就是规定了原点、正方向和单位长度的直线。原点、方向、长度单位叫做数轴的三要素。这三要素是缺一不可的。

有了数轴,任何一个有理数都可以用数轴上一个确定的点表示出来:任何一个正数都可以用数轴上原点右边的一个点来表示;任何一个负数都可以用数轴上原点左边的一个点来表示;零是个特殊的数,它既不带正号又不带负号,它是正数与负数的界限,所以零用原点来表示。

在实际生活中,数轴的应用有很多,温度计(wēndùjì/thermometer)就是数轴最好的模型(móxíng/model;pattern)。温度计的一个单位长度为 1 摄氏度(1℃),度数也有正负之分,分别称为零上摄氏度和零下摄氏度。你还能找出生活中其他的数轴吗?

(据《初级中学代数》(第一册))

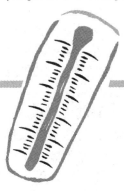

生词语

1. 数轴	(名)	shùzhóu	number axis
2. 原点	(名)	yuándiǎn	origin
3. 长度单位	(名)	chángdù dānwèi	length unit
4. 要素	(名)	yàosù	essential factor; key point
5. 缺一不可	(成)	quēyībùkě	indispensable
6. 负数	(名)	fùshù	negative
7. 界限	(名)	jièxiàn	dividing line; boundary

39

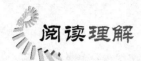

一、请画出数轴,先用汉语标注数轴的三要素,然后在数轴上表示下列各数:-1,+2,-3,-1.5, $+4\frac{1}{2}$,0

二、说说你在生活中见过的数轴

表达方式——定义的表达方式

给名词下定义是汉语中的常见表达方式:
1. "所谓"+需定义名词+"就是"+解释
   所谓"结绳",就是用在绳上打结的办法来记录事情。
2. 需定义名词+"是/就是"+解释
   方程是含有未知数的等式。
3. 解释+"叫做/称为"+需定义名词
   能够使方程两边相等的未知数的值叫做方程的解。
请你找一下在本课中有哪些定义及用了哪几种表达方式。

第五课 一样的压力，不一样的压强

课文

图1

作用于物体表面的力叫做压力。物体表面(biǎomiàn/surface)的单位压力为压强。压强的计算用公式可以表示为：压强 = $\dfrac{力}{面积}$。要注意的是，作用力的方向应该垂直于物体表面。压强的单位是帕斯卡，简称帕。1帕相当于1牛顿的力垂直作用在1平方米的面积上。比如，一个长方体的重量是400牛，它跟桌面的接触面积是0.02米^2，那么桌面受到压力，压强 = $\dfrac{400牛}{0.02米^2}$ = 20000帕（如图1）。

根据压强计算公式，压强的大小取决于作用力的大小和物体受到压力的面积。平常我们按钉子(dīngzi/nail)就是利用了小面积产生大压强的原理。钉子帽面积比较大，我们用力按在钉子帽上，压力从钉子帽传到钉子尖上去，由于钉子尖的面积非常小，所以产生的压强十分大，钉子很容易就被刺进墙或者木头里面去了（如图2）。

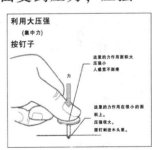

图2

相反，滑雪用的滑板面积很大，人站在上面，重量被分散了，滑板上的压强较小，人就不会陷进雪里了。（如图3）

图3

(据《牛津图解中学科学》)

生词语

1. 压力	（名）	yālì	pressure	
2. 压强	（名）	yāqiáng	intensity of pressure	
3. 公式	（名）	gōngshì	formula	
4. 帕斯卡	（量）	pàsīkǎ	pascal, *unit of pressure intensity, named for Blaise Pascal, 1623–1662, French scientist, philosopher and proser*	
5. 相当于	（动）	xiāngdāngyú	to equal to; to amount to	
6. 牛顿	（量）	niúdùn	newton, *unit of pressure, named for Isaac Newton, 1642–1727, British scientist and natural philosopher*	
7. 长方体	（名）	chángfāngtǐ	cuboid	
8. 接触	（动）	jiēchù	to touch	
9. 取决于	（动）	qǔjuéyú	to lie on	
10. 刺	（动）	cì	to stick; to sting	
11. 分散	（动）	fēnsàn	to disperse	
12. 陷	（动）	xiàn	to trap; to get stuck	

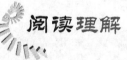

一、用学过的汉语定义法解释下列概念

　　1. 压力
　　2. 压强
　　3. 帕

二、用括号里的词语回答问题

　　1. 为什么钉子很容易被刺进墙或者木头里面去？（因此）
　　2. 人站在滑雪板上为什么不会陷进雪里？（由于）

三、根据课文填空

1. 压强的计算用公式表示为＿＿＿＿＿＿。
2. 计算压强的时候,作用力的方向应该＿＿＿＿＿＿物体表面。
3. ＿＿＿＿＿＿压强计算公式,压强的大小＿＿＿＿＿＿作用力的大小和物体受到压力的面积。

词语注释

1. 垂直于

   A垂直于B,表示A与B成90度角。
   (1) 长方形的一边垂直于相邻边。
   (2) 墙垂直于地面。

2. 相当于

   A相当于B,表示A和B二者差不多,有时也指完全相等。
   (1) 1尺相当于33.3cm。
   (2) 1公斤相当于1千克。

3. 取决于

   A取决于B,指B决定A。
   (1) 是否下雨取决于大气中的湿度。
   (2) 明天是否去郊游取决于天气情况。

4. 刺

   用尖的东西扎入或穿过。
   (1) 他不小心被针刺伤了。
   (2) 他用针在纸上刺了个花。

5. 陷

   面积或体积较大的物体沉入、掉进;也可引申为对事情的专注、着迷。常与"进"、"入"等一起用。
   (1) 在湿泥地上不容易走,因为鞋常常陷进泥里。
   (2) 他陷入了对往事的回忆中。

词语比较

"物体"和"物质"

"物体"指实际存在的、具体的东西;"物质"侧重与精神相对,是"物体"的抽象概括,泛指独立于人思想之外的客观实在。例如:

(1) 玻璃是透明物体。

(2) 物体占有的空间用体积表示。

(3) 人们的物质生活比过去好多了。

(4) 物质都是运动的。

词语练习

一、根据课文填空

1. 力越大压强越大,_____,面积越大压强越小。

2. 方程的次数_____未知数的最高次数。

3. $ax=b(a\neq 0)$ _____ $x=\dfrac{b}{a}$

4. 圆周率是个常数_____直径的大小。

5. _____零是正负数的界限,_____零用原点表示。

二、将可搭配的词画线连起来

1. 利用　　A. 公式

2. 使用　　B. 了解

3. 根据　　C. 原理

4. 据　　　D. 词典

三、用下列词语造句

1. 相当于:

2. 取决于:

3. 刺:

4. 陷:

阅读 1

宇宙的起源和未来

科学家一直都在努力地探索宇宙的起源和未来。宇宙是怎样开始的呢？宇宙以后会是怎样的呢？以下是目前在科学界流传较广的几个理论。

大爆炸理论认为宇宙中的所有物质开始于某个地方的一个巨大质量。这个质量有一天突然爆炸，各个星系(xīngxì/galaxy)因为这次爆炸而飞到遥远的地方去，彼此之间形成很远的距离。科学家从星系的运动速度推测大爆炸大约发生在100亿到200亿年前。

膨胀宇宙理论认为星系将继续自己的运动并互相远离，以后再也不会有亿万年前的大爆炸。

振荡宇宙理论认为物质的引力会使宇宙膨胀的速度减慢，星系又开始向同一个方向运动，当宇宙中所有的物质都聚集在一起，总质量变得非常大的时候，将会有另一次大爆炸，一切又重新开始。

总之，宇宙的未来取决于物质的总量，有足够的物质，引力使物质聚集，宇宙塌陷；没有足够的物质，引力作用弱小，宇宙将膨胀下去。

(据《牛津图解中学科学》)

生词语

1. 爆炸	（动）	bàozhà	to explode
2. 质量	（名）	zhìliàng	mass
3. 膨胀	（动）	péngzhàng	to expand; to swell
4. 振荡	（动）	zhèndàng	to surge; to vibrate

5. 引力	（名）	yǐnlì		gravitation; gravity
6. 塌陷	（动）	tāxiàn		to sink; to cave in

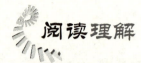

阅读理解

一、根据课文选择正确答案（答案可能不止一个）

1. 大爆炸理论：
   A. 有一个巨大质量突然爆炸，各个星系飞到遥远的地方去，彼此之间形成很远的距离
   B. 宇宙中的所有物质开始于一个地方的一个巨大质量
   C. 星系继续自己的运动并互相保持遥远的距离，但不会有亿万年前的大爆炸
   D. 大爆炸大约发生在 100 亿到 200 亿年前

2. 膨胀宇宙理论：
   A. 物质的引力会使宇宙膨胀的速度减慢，星系又开始向同一个方向运动
   B. 宇宙中的所有物质开始于一个地方的一个巨大质量
   C. 星系继续运动并互相保持遥远的距离，但不会有亿万年前的大爆炸
   D. 当宇宙中所有的物质都聚集在一起、总质量变得非常大的时候，又将会有一次大爆炸

3. 振荡宇宙理论：
   A. 物质的引力会使宇宙膨胀的速度减慢，星系又开始向同一个方向运动
   B. 宇宙中的所有物质开始于一个地方的一个巨大质量
   C. 当宇宙中所有的物质都聚集在一起、总质量变得非常大的时候，又将会有一次大爆炸
   D. 星系将继续互相远离，以后再也不会有亿万年前的大爆炸

二、根据课文填空

宇宙的未来_____物质的质量，有足够的物质，引力使物质_____，宇宙_____；没有足够的物质，引力作用弱小，宇宙将_____下去。

三、讨论

你对哪种理论感兴趣？谈谈你对宇宙的起源和未来的认识。

词语练习

写出近义词

足够—— 寻找—— 波动——

减慢—— 缩小—— 开始——

阅读 2

飞出地球去

地球具有引力,地面上的一切物体因而都不会飞离地球,就是远离地球38万公里的月球,也能被地球吸引住,永远绕着地球运转。

为什么人造卫星能绕着地球运转,很久也不落下来呢?这是因为人造卫星发射出去以后,它的速度极快,地球的引力起向心力的作用,使卫星做匀速圆周运动(yúnsù yuánzhōu yùndòng/uniform circular motion),使它不会落入地球。

人造卫星需要多大速度才能克服地球的引力并绕着地球做匀速圆周运动呢?根据科学家的计算,速度达到7.9千米/秒(miǎo/second)就能使人造卫星绕着地球运转。这个速度叫第一宇宙速度。如果大于这个速度达到11.2千米/秒,飞上高空的人造卫星就可以完全克服地球的引力绕着太阳运转,永远不落回到地球上来。这个能使物体永远离开地球的速度,叫第二宇宙速度。达到第二宇宙速度的物体还受着太阳引力的吸引,要想让物体飞到太阳系(tàiyángxì/solar system)以外的宇宙中去,必须使它的速度等于或大于16.7千米/秒,这个速度叫第三宇宙速度。

(据《科技汉语》(汉维版))

生词语

1. 吸引　　　（动）　　xīyǐn　　　　　to allure; to attract
2. 绕　　　　（动）　　rào　　　　　　to surround
3. 运转　　　（动）　　yùnzhuǎn　　　to circle around
4. 人造卫星　　　　　　rénzào wèixīng　artificial satellite
5. 向心力　　（名）　　xiàngxīnlì　　　centripetal force
6. 克服　　　（动）　　kèfú　　　　　to overcome
7. 等于　　　（动）　　děngyú　　　　to equal to; to amount to

阅读理解

一、根据课文填空

地球具有_____，地面上的一切物体_____都不会飞离地球，就是远离地球 38 万公里的月球，也能被地球_____住，永远绕着地球_____。

二、回答问题

1. 为什么月球永远绕着地球运转？
2. 人造卫星发射出去以后，它跟地球的作用力为什么力？
3. 什么叫第一宇宙速度？
4. 物体达到第二宇宙速度时一小时能走多远？
5. 当物体达到第三宇宙速度时会怎么样？

阅读 ③

家庭用电的保护神

使用电器的时候万一发生故障，比如说短路，线路就可能在短时间内产生极大的电流，轻则电器和电线被烧毁，重则电线温度过热，还会引起大火。

室内线路通常有照明（zhàomíng/illumination）、插座（chāzuò/plug）和其他用电器具等几部分。每个电路都装有保险丝或断电器。保险丝和断电器是通过断开电流来保证用电安全的。如果电流因为特殊情况突然变得过高,超过保险丝的额定电流,保险丝就会熔断,从而使电路断开。断电器则是一种开关。当电流超过一定数值,断电器就从"开"跳到"关"的位置,将电路断开。保险丝熔断必须更换,断电器"跳开",把按钮按回"开"的位置就行了。

一般来说,保险丝的额定电流应该大于正常使用电器时的工作电流,否则每次熔断都得更换,实在太麻烦了。下面是常用电器的工作电流和相应保险丝的数值。

电器	工作电流	保险丝额定电流
灯	0.25安	1安或3安
电视机	1.5安	3安
电冰箱	4安	13安
空调	8安	13安

生词语

1. 故障	(名)	gùzhàng	malfunction; trouble
2. 短路	(名)	duǎnlù	short circuit
3. 烧毁	(动)	shāohuǐ	to burn down
4. 保险丝	(名)	bǎoxiǎnsī	fuse
5. 断电器	(名)	duàndiànqì	the socket to cut the circuit
6. 额定电流	(名)	édìng diànliú	rating electric current
7. 熔断	(动)	róngduàn	to melt
8. 安	(量)	ān	ampere, *unit of electric current, named for Andre-Marie Ampere, 1775–1836, French physicist*

回答问题

1. "家庭用电的保护神"指的是什么?
2. 保险丝是怎样保证用电安全的?
3. 断电器通过什么来保证用电安全的?
4. 请介绍一下家用电器的工作电流和相应保险丝的数值。

科技常识——汉语中的单位

1. 汉语中常见单位

	长度	重量	面积	速度	压强	电流
单位	米	克	平方米	米每秒	帕斯卡	安培
符号	m	g	m²	m/s	pa	an

2. 符号的读法

符号	英语	汉语
+	plus	加
−	minus	减
×	is multiplied by	乘
÷	is divided by	除
=	is equal to	等于
≠	is not equal to	不等于
≅	is identical to	全等于
≈	is approximately equal to	约等于
<	is less than	小于
>	is more than	大于

第六课 电子警察

课文

顾名思义，"电子警察"不是真人警察，而是一种能做真人警察的工作、还可以扩大警察监控范围的电子监控设备(shèbèi/equipment; facilities)。

"电子警察"最早出现在美国和欧洲国家，近几年也在我国大城市的主要道路和高速公路(gāosù gōnglù/expressway; freeway)上被广泛使用。它的作用是全天二十四小时监控路上的交通违章行为。

"电子警察"是高科技(gāokējì/high-tech)智能技术产品，它集合了检测技术、人工智能技术、图像处理技术、网络通信技术等各种先进技术。当汽车进入"电子警察"的"电子眼"监控范围，它就会通过红外线自动检测汽车的行驶情况，如果有闯红灯、违章超速、违章变道等行为，"电子警察"马上照相，把汽车的违章行为和车牌(chēpái/number of vehicle)号码记下来，然后将这些信息快速准确地传送到交通违章处理中心。处理中心的警察根据这些信息，给车主发出违章通知，车主必须为违章行为交付罚款或接受教育。

有了"电子警察"，监控工作更加严密，就是人工很难检测到的情况，也逃不过"电子警察"的法眼。这样真人警察的工作负担减轻了，司机不敢轻易违章，交通安全也得到了保障。

(据《原来如此——万方纵横的交通》)

生词语

1. 警察	（名）	jǐngchá	policeman
2. 顾名思义	（成）	gùmíng sīyì	just as its name implies
3. 监控	（动）	jiānkòng	to monitor
4. 违章	（动/名）	wéizhāng	to violate rules and regulations; violation
5. 检测技术	（名）	jiǎncè jìshù	technology of testing
6. 人工智能技术	（名）	réngōng zhìnéng jìshù	technology of artificial intelligence
7. 图像处理技术	（名）	túxiàng chǔlǐ jìshù	technology of visual processing
8. 网络通信技术	（名）	wǎngluò tōngxìn jìshù	technology of internet communication
9. 自动	（形）	zìdòng	automatic
10. 闯	（动）	chuǎng	to rush
11. 传送	（动）	chuánsòng	to transmit; to carry
12. 罚款	（名）	fákuǎn	fine; penalty
13. 负担	（名）	fùdān	burden
14. 保障	（名）	bǎozhàng	security; guarantee
15. 轻易	（副）	qīngyì	easily

阅读理解

一、根据课文内容，选择正确答案（答案可能不止一个）

1. 关于"电子警察"，说法正确的是：
   A. 电子监控设备　　　　　B. 能做真人警察的工作
   C. 可以扩大监控范围　　　D. 真的警察

2. "电子警察"最早出现在：
   A. 中国　　　　　　　　　B. 美国
   C. 美洲　　　　　　　　　D. 欧洲

3. 作为高科技智能技术产品，"电子警察"集合了哪些技术？
   A. 电子技术、先进技术　　　B. 检测技术、人工智能技术
   C. 图像处理技术、网络通信技术　D. 检测技术、先进技术

4. "电子警察"的优点是：

　　A. 完全代替真人警察　　　　B. 真人警察的工作负担减轻了

　　C. 监控工作更严密　　　　　D. 交通安全得到了保障

5. 课文中的"法眼"意思是：

　　A. 头发和眼睛　　　　　　　B. 法律的眼睛

　　C. 比喻很厉害的眼睛　　　　D. 一种眼镜

二、根据"电子警察"的工作顺序，给下列句子编号

（　）发现违章行为，照相，把汽车的违章行为和车牌号码记下来。

（　）处理中心的警察根据这些信息给车主发出违章通知。

（　）通过红外线自动检测汽车的行驶情况。

（　）传送信息到交通违章处理中心。

（　）车主交付罚款或接受教育。

词语注释

1. 顾名思义

   成语，意思是见到名字名称就联想到它的含义。也可用来下定义。
   (1) 粉笔画，顾名思义，就是用粉笔画的画。
   (2) 有些词如果顾名思义的话就猜错了，比如"阳春白雪"就不是指天气。

2. 不是……而是……

   前后形成否定与肯定的对比，表示转折。可连接两个或以上的名词、代词、动词或小句。
   (1) 这次违章行为不是警察发现的，而是电子眼拍摄下来的。
   (2) 法律不是为了惩罚，而是为了社会公平。

3. 集合

   名词，在数学中指一组具有某种共同性质的数学元素。
   (1) 有理数的集合。
   动词，指分散的人或事物聚集到一起；使聚集。
   (2) 我们班明天早上七点在宿舍门口集合。

4. 就是……也……

表示假设和让步。"就是"后说一种情况,"也"后说在这种情况下也会出现的情况。
(1) 他俩长得很像,就是周围的人有时也会认错。
(2) 就是科学家也不能确定宇宙有多大。

词语比较

1. "轻易"与"容易"

　　"轻易"是副词,指做某事不费力,一般不单独使用,后面常跟其他动词短语,而且常用否定形式表示能做但不常做;"容易"是形容词,形容某事物不难,可以单独使用,表示经常发生或规律性的事情,也可以表示事情发生的可能性大。下面的例句彼此都不能互换:
(1) 每个人都不能轻易取得好成绩。
(2) 他轻易不到这里来。
(3) 这道题很容易。
(4) 不讲卫生容易生病。

2. "保障"与"保护"

　　使不受损害和侵犯。"保障"可做动词或名词,对象多是大的方面的;"保护"常做动词,着重于照顾,对象多是人和事。见下面的例句:
(1) 和平共处,保障世界和平。
(2) 有了退休金,老人生活才有保障。
(3) 看电视不能时间太长,要注意保护眼睛。
(4) 现在各地都很重视保护名胜古迹。

词语练习

一、用所给的词语完成下列句子
1. 高速公路,_____。(顾名思义)
2. 我的专业不是地理_____。(而是)
3. 就是没有电子警察_____。(也)

二、选择填空

A. 保障　　B. 保护　　C. 轻易　　D. 容易

1. 他遇事总是先调查清楚,从不_____做决定。
2. 严厉打击犯罪分子,才能使人民的生命财产有_____。
3. 任何工作都不是_____就可以做好的,必须努力。
4. 这篇课文比上一篇_____多了。
5. _____好国家的珍贵动物是每个公民的责任。

阅读 ①

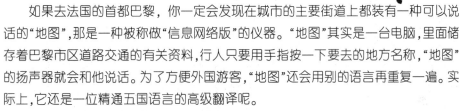

　　如果去法国的首都巴黎,你一定会发现在城市的主要街道上都装有一种可以说话的"地图",那是一种被称做"信息网络版"的仪器。"地图"其实是一台电脑,里面储存着巴黎市区道路交通的有关资料,行人只要用手指按一下要去的地方名称,"地图"的扬声器就会和他说话。为了方便外国游客,"地图"还会用别的语言再重复一遍。实际上,它还是一位精通五国语言的高级翻译呢。

　　"地图"通常会根据行人的需要,告诉他怎样走最近,应该乘坐哪趟车,车站在哪儿,在哪一站下等等,服务相当周到和智能化。如果行人能耐心一点,稍候片刻,会说话的"地图"还会给他一张文字说明,以便随身携带,即时查询。

(据《科学与未来——虚拟与数字》)

生词语

1. 扬声器	(名)	yángshēngqì	loudhailer; reproducer
2. 精通	(动)	jīngtōng	to master
3. 周到	(形)	zhōudào	considerate
4. 携带	(动)	xiédài	to take; to carry

科技汉语
——中级阅读教程

巴黎　　　　　　　　　　Bālí　　　　　　　　　Paris, *French capital*

一、判断正误

1.（　）课文中提到的会说话的"地图"装在法国巴黎的所有街道上。
2.（　）会说话的"地图"实际上是一种电子仪器，它储存着巴黎市区道路交通的资料。
3.（　）行人只要说出自己要去的地方名称，"地图"的扬声器就会和他说话。
4.（　）除了法语以外，会说话的"地图"还懂五国语言。
5.（　）"地图"通常会先给行人一张文字说明，然后再告诉他怎样走最近，应该乘坐哪趟车，车站在哪儿，在哪一站下等等。

二、根据课文内容填空

　　会说话的"地图"实际上是一种_____。里面_____着巴黎市区道路交通的有关资料。行人只要用手指_____一下要去的地方名称，"地图"的_____就会和他说话。服务相当周到和智能化。如果行人能_____一点，稍候片刻，会说话的"地图"还会给他一张文字说明，以便即时_____。

词语练习

猜测词义

器：仪器　扬声器　瓷器　电器　木器　放大器
化：智能化　简化　进化　净化　工业化
相当：相当周到　相当好　相当贵

阅读 2

怎么知道我的电脑中毒了

对网络发展危害最大的要数电脑病毒了。由电子邮件(e-mail)携带,病毒在短时间内可以在上万台电脑中传播,使电脑瘫痪。要是你的电脑经常地出现下面的现象,你可要注意了,你的电脑很可能感染病毒了。

(1)电脑突然变得迟钝,反应缓慢,出现蓝屏(píng/screen)、黑屏甚至死机。

(2)进入应用程序的时间变长。如果病毒控制了程序或系统的启动程序,我们进入一个应用程序或启动系统时,病毒便开始工作,耽误我们的时间。

(3)可执行程序文件的大小改变了。正常情况下,这些程序的大小应该维持不变,但有些病毒会增加程序文件的大小。

(4)执行一个简单的工作,要花很多的时间才能完成。例如,原来储存一个文件只需一秒,但中毒后,系统要花更多的时间寻找未感染的文件,把文件保存起来。

(5)硬盘的指示灯无缘无故一直在亮着。

(6)开机后出现陌生的声音、画面或不寻常的错误信息、乱码(luànmǎ/unrecognized code)。

(7)系统内存或硬盘的容量突然减少。

(8)文件名称、扩展名(kuòzhǎnmíng/filename extension)、日期、属性(shǔxìng/property)、内容等被更改过,甚至是整个文件离奇消失。

(据《科学与未来(虚拟与数字)》)

1. 中毒	(动)	zhòngdú	to be poisoned
2. 病毒	(名)	bìngdú	virus
3. 瘫痪	(动)	tānhuàn	to paralyze
4. 感染	(动)	gǎnrǎn	to infect
5. 死机	(动)	sǐjī	to break down

6. 程序	（名）	chéngxù	program
7. 启动	（动）	qǐdòng	to start up
8. 无缘无故	（成）	wúyuán-wúgù	without reasons
9. 硬盘	（名）	yìngpán	hard disk
10. 内存	（名）	nèicún	EMS memory
11. 离奇	（形）	líqí	odd; queer

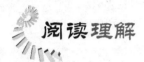

回答问题
1. 请你说说电脑病毒的危害。
2. 中毒以后电脑为什么会变得缓慢？
3. 你的电脑中过毒吗？你是怎样处理的？

写出意思相近的词

奇怪——　　　　没有原因——　　　　缓慢——

平常——　　　　改——

阅读 3　　网上购物

　　20 世纪 90 年代，一种崭新的企业经营方式在美国、加拿大等国家兴起，这就是现在非常流行的电子商务（e-business）。
　　简单地说，电子商务就是在计算机网络上通过电子数据交换（EDI）、电子货币（e-currency）等技术进行交易的一种经营方式。一方面，生产商之间利用互联网进行询价、报价、签订合同、电子付款、运输、提货等一系列贸易活动；另一方面，消费者通过网络，用电子货币进行网上购物。
　　这两年，中国电子商务的发展速度十分惊人。在中国具有极大影响力的网上商城有阿里巴巴(china.alibaba.com/)、淘宝(www.taobao.com)和易趣(www.ebay.com.cn)等几家。网上的商品包罗万象，应有尽有。据报道，2005年中国网上购物的人数超过2000万，半年内网上购物累计金额已达100亿元人民币。

有关专家指出，随着网络技术日新月异的发展，轻点鼠标(shǔbiāo/mouse)、轻击键盘(jiànpán/keyboard)来进行电子交易将成为人们今后商务活动的一种重要方式。

(据《科学与未来(虚拟与数字)》)

生词

1. 经营　　　　(动)　　jīngyíng　　　　　to manage
2. 询价　　　　(动)　　xúnjià　　　　　　to ask the price
3. 签订　　　　(动)　　qiāndìng　　　　　to sign
4. 合同　　　　(名)　　hétong　　　　　　agreement; contract
5. 交易　　　　(名)　　jiāoyì　　　　　　dealing; business
6. 包罗万象　　(成)　　bāoluówànxiàng　　all inclusive
7. 日新月异　　(成)　　rìxīn-yuèyì　　　 to change with each passing day

阅读理解

回答问题

1. 什么叫电子商务？
2. 电子商务在中国发展得怎么样？
3. 请你比较一下电子交易与传统交易的优点和缺点。
4. 你会网上购物吗？说说你的经验。

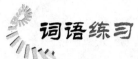

用括号里的词改写句子

1. 大商场的物品非常多,什么都有。(包罗万象)
2. 广州市私人拥有的汽车已经有上百万辆了。(达)
3. 网络给人们带来方便的同时,也有一些不利影响。(一方面……,另一方面……)
4. 他买了一台非常新的电脑。(崭新)

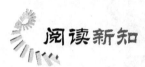

数字化时代的新名字

　　在日新月异的数字化时代,新生事物层出不穷,新名字也随之而来了。以下为大家介绍一些:

电子眼——电子警察

彩信——彩色图像的手机短信

网虫——迷恋上网的人

网游——网络游戏

黑客——通过电子技术攻击别人电脑系统的人

博客——网络日记

QQ——在线聊天

3G——比现在 GSM、CDMA 更先进的第三代移动通讯

第七课 未来人类吃什么

课文

目前全世界已超过 60 亿人口,每年所消耗的粮食总量达 12 亿吨(dūn /ton)之多。这相当于在赤道 (chìdào/equator) 上用粮食铺出一条 16.8 米宽、1.8 米厚的环绕地球的公路。而人口的增长使这条公路每年要延长 1000 公里 (gōnglǐ/kilometer)。如此下去,人类总有一天会因为缺粮而难以生存。那么未来人类吃什么呢?

科学家们认为,藻类植物(zǎolèi zhíwù/algae)是未来人类最理想的食物,因为藻类植物种类多、产量大,目前被人类利用的甚少,有很大的利用潜力。

淡水藻中的小球藻,含蛋白质 50%,脂肪 10%–30%,其营养价值是鸡蛋的 5 倍,花生仁的 2 倍。

科学家研究发现,比小球藻大 100 倍的螺旋蓝藻含蛋白质达 68%,是瘦猪肉的 3 倍,同时还含有脂肪、糖类、维生素等多种营养成分,因此螺旋蓝藻是未来食物中最重要的藻类之一。

科学家认为,细菌也是未来人类食品的主要来源之一,有一种吃石油的细菌,吃完石油之后,它的菌体就产生一种"石油蛋白"。经分析,100 克(kè/gram)石油蛋白含有 42 克蛋白质、3 克核酸和一些维生素。1 吨石油蛋白质的营养价值相当于 2 吨多的瘦猪肉、3 吨的鸡蛋和 12 吨的牛奶。石油蛋白既可做动物饲料,也可做人类的食物。因此,细菌也可成为未来人类的食物。

生词语

1. 消耗 （动） xiāohào to consume
2. 粮食 （名） liángshi food; grain
3. 潜力 （名） qiánlì potential
4. 小球藻 （名） xiǎoqiúzǎo Chlorella, *a kind of alga*
5. 蛋白质 （名） dànbáizhì protein
6. 螺旋蓝藻 （名） luóxuánlánzǎo Spirulina, *a kind of alga*
7. 脂肪 （名） zhīfáng fattiness
8. 营养 （名） yíngyǎng nutrition
9. 维生素 （名） wéishēngsù vitamin
10. 细菌 （名） xìjūn bacteria; germ
11. 来源 （名） láiyuán source
12. 核酸 （名） hésuān nucleic acid
13. 饲料 （名） sìliào feed; fodder

阅读理解

一、根据课文内容选择正确答案

1. 人类将来难以生存的原因是：
   A. 人口增长　　　　　　　　　B. 缺少粮食
   C. 在赤道上用粮食铺环绕地球的公路　D. 粮食产量减少

2. 未来人类最理想的食物是：
   A. 藻类植物和细菌　　　　　　B. 藻类植物和维生素
   C. 螺旋蓝藻和细菌　　　　　　D. 藻类植物和石油蛋白

3. 科学家们认为藻类植物有很大的利用潜力，原因是：
   A. 因为藻类植物品种多，产量大，目前被人类利用的多
   B. 因为藻类植物虽然种类少，但产量大，而且目前被人类利用的少
   C. 因为藻类植物种类多，产量小，目前被人类利用的多
   D. 因为藻类植物种类既多，产量也大，目前被人类利用的很少

4. 小球藻、螺旋蓝藻和石油蛋白的蛋白质含量从少到多依次是：

    A. 螺旋蓝藻、小球藻、石油蛋白　　　　B. 石油蛋白、螺旋蓝藻、小球藻

    C. 石油蛋白、小球藻、螺旋蓝藻　　　　D. 螺旋蓝藻、石油蛋白、小球藻

二、根据课文填空

1. 目前全世界已超过 60 亿人口，每年所消耗的粮食_____达 12 亿吨之多。

2. 淡水藻中的小球藻，_____蛋白质 50%，脂肪 10%—30%，_____营养价值是鸡蛋的 5 _____，花生仁的 2 倍。

3. 科学家研究发现比小球藻大 100 倍的螺旋蓝藻，含蛋白质_____68%，_____瘦猪肉的 3 倍，同时还含有脂肪、糖类、维生素等多种营养_____，因此螺旋蓝藻是未来食物最重要的藻类_____。

4. 石油蛋白_____可做动物饲料，_____可做人类的食物。

词语注释

1. 所+动词

这里的"所"不表示什么意思，只是使句子更加书面语化。去掉"所"后句子的意思不变。

(1) 今天所学的课文是关于健康的。=今天学的课文是关于健康的。

(2) 他们所讨论的问题，到现在还没找到答案。=他们讨论的问题，到现在还没找到答案。

2. 甚

表示程度高，"很"、"极"的意思。修饰单音节词，用于书面。修饰双音节时必须与"是"、"为"、"不"等连用。

(1) 最近他的心情甚佳。

(2) 看到好久不见的朋友他甚是高兴。

(3) 他听课时甚为认真。

(4) 我的朋友对这次旅游甚为不满。

3. 既……也……

连接两个结构相同或相似的词语，表示同时处于两种状态，后一部分常常表示进一步补充说明。

(1) 我既没去过北京，也没到过上海。

(2) 在国外留学，既要努力学习，也要注意锻炼身体。

4. 倍数的表达

倍数通常的说法是在数词后加上量词"倍"。倍数一般是用在大于或增加的情况。A 是 B 的 3 倍,其中 A 与 B 是相除关系:$\frac{A}{B}=3$。A 比 B 多 3 倍,是 A 减去 B 后再被 B 除,$\frac{A-B}{B}=3$。

(1) 这个商店的面积是那个小卖部的 4 倍。

(2) 他的汉语水平比我高出好几倍。

词语练习

一、用书面语改写下列句子

1. 我买的书多是汉语的。(所)

2. 对于星系方面的知识,我知道的很少。(甚)

3. 人体中有 78% 是水。(含,达)

4. 中国也是发展中国家。(之一)

5. 城市每天产生上万吨垃圾,一直这样的话,城市将被垃圾包围。(如此下去)

二、倍数的表达:分别用"是……的(　　)倍"和"比……多(　　)倍"表示下列意思

1. 这个教室六十平方米,我的宿舍二十平方米。

2. 上海人口一千万,广东人口四千万。

三、用"既……也……"改写句子

1. 他是我的老师,我们还是很好的朋友。

2. 看书的时候,不能完全不相信,同时也不能完全相信。

3. 小王能画油画,还能画中国画。

第七课　未来人类吃什么

快速阅读

阅读 ❶

苍蝇为何不生病

苍蝇(cāngying/fly)经常出没于相当肮脏的地方,身上携带了大量病菌。据观察,一只苍蝇的体表有600万个病菌,肠道里的病菌多达2800万个。在肮脏的地区,苍蝇身上的细菌更多,甚至达到5亿个。

身上有那么多病菌,苍蝇却从没生过病,这是为什么呢?

昆虫学家发现,当苍蝇吃了带有病菌的食物后,能在消化道内进行快速处理,迅速摄取营养,然后把没用的糟粕和病菌马上排出体外。整个过程一般只需要7–11秒钟。病菌进入苍蝇体内还没来得及大量繁殖,就被排出体外了。这样快的速度,其他动物是无法比拟的。哺乳类动物从进食到排便,最快的也要几十分钟,有的甚至要好几个小时。

另外,苍蝇的免疫功能也相当强,它体内能产生多种抗病菌和抗病毒的物质。比如有一种抗菌活性蛋白,只要万分之一($\frac{1}{10000}$)的浓度,就可以将各种病毒和细菌杀死。还有一种抗癌活性蛋白,对癌(ái/cancer)细胞有很强的抑制作用。

有这么多的绝招,难怪苍蝇不生病!

生词语

1. 出没	（动）	chūmò	to appear
2. 无法比拟	（形）	wúfǎbǐnǐ	incomparable
3. 排便	（动）	páibiàn	to defecate
4. 免疫功能	（名）	miǎnyì gōngnéng	function of immunity
5. 抗	（动、前缀）	kàng	to resist; anti-

6. 抗菌活性蛋白	（名）	kàngjūn huóxìng dànbái	antibiotic active protein
7. 浓度	（名）	nóngdù	consistency; concentration
8. 抗癌活性蛋白	（名）	kàng'ái huóxìng dànbái	anti-cancer active protein

根据课文选择正确答案（答案可能不止一个）

1. 一只苍蝇身上的病菌有多少？
   A. 身体表面有 2800 万个　　　B. 肠道里有 600 万个
   C. 身体表面和体内一共有 5 亿个　D. 有些地方的苍蝇身上有 5 亿个

2. 苍蝇有那么多病菌，为什么不会生病？
   A. 病菌在苍蝇身上的时间太短　B. 苍蝇可以杀死病菌
   C. 苍蝇身上的病菌不会繁殖　　D. 病菌对苍蝇无害

3. 关于苍蝇消化道处理病菌的能力，下面正确的说法有：
   A. 处理病菌的速度是动物之中最快的 B. 把病菌排出体外以后再慢慢吸取营养
   C. 苍蝇进食的速度非常迅速　　D. 苍蝇从进食到排便最多只需十几秒钟

4. 下面哪项说明苍蝇的免疫功能非常强？
   A. 体内能产生两种抗病菌和抗病毒蛋白
   B. 只要很少的抗菌活性蛋白就能把病菌杀死
   C. 抗癌活性蛋白比癌细胞多
   D. 抗癌活性蛋白和抗菌活性蛋白的功能一样

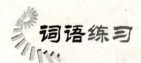

一、写出意思相近的词
　　1. 抗病毒的功能——
　　2. 不干净——
　　3. 差距太大，不能比较——
　　4. 时间够用——

二、根据构词法或上下文猜测词义
　　1. 昆虫学家

2. 糟粕
3. 抑制
4. 绝招

阅读 2

生物界的"变性现象"

当一个人出生以后,性别一般不变。但在动植物界,"性别转换"的现象并不少见。

在动物中,能"性别转换"的通常是低等动物(dīděng dòngwù/lower animal),比如西印度洋中的石斑鱼,每当交配时,隔5分钟它们就会变换一次性别,交替扮演着雄性和雌性角色。石斑鱼之所以能够转换性别,是由于它是雌雄同体动物:它生来就有精巢(jīngcháo/spermary),能产精;同时还有卵巢(luǎncháo/ovary),又能产卵。因此,它能根据需要改变性别。

不同的鱼转变性别的程序也不同:例如隆头鱼生下来为雌性,以后才转变为雄性;相反,蝴蝶鱼是从雄性转变为雌性的。

动物变性的内部原因是什么呢?

一位专家分析说,一只鱼卵要比一粒精子大8000倍,产卵所需花费的代价要比产生精子高得多。石斑鱼变性是为了共同分担产卵所需要的高昂代价,这对繁衍后代更有利、更有保障。

在植物中,也有一些善于改变性别的植物。每当春天到来时,一些植物开始发芽,开雄花,没过几年,它会变为雌性,并且会"生儿育女",然后又转变为雄性。植物的性别转变,同样也是为了繁衍后代,有时也是为了适应环境。当环境改变时,植物的雌雄也会相互转化;比如在潮湿的环境中,花芽分化成雌花;反过来,如果气候干旱,植物的花芽就形成雄花。

生词语

1. 现象	（名）	xiànxiàng	phenomenon
2. 石斑鱼	（名）	shíbānyú	Pock Cod, *a kind of fish*
3. 交配	（动）	jiāopèi	to copulate; to make love
4. 隔	（动）	gé	to separate
5. 交替	（动）	jiāotì	to alternate
6. 雌性	（名）	cíxìng	female
7. 隆头鱼	（名）	lóngtóuyú	Anampses chrysocephalus, *a kind of fish*
8. 蝴蝶鱼	（名）	húdiéyú	Butterfly fish, *a kind of fish*
9. 代价	（名）	dàijià	expense; cost
10. 分担	（动）	fēndān	to partake; to share
11. 高昂	（形）	gāo'áng	expensive

专名

西印度洋　　　　　　Xīyìndù Yáng　　West Indian Ocean

阅读理解

判断正误

1. （　）与人类不同的是，动植物界的"性别转换"的现象并不多见。
2. （　）在动物中，能"性别转换"的往往是较低级的动物。
3. （　）西印度洋中的石斑鱼能够转换性别，是因为它天生既是雌性又是雄性。
4. （　）动物变性的内部原因是为了繁衍后代。
5. （　）在潮湿的环境中，植物的花芽分化成雄花；反过来，如果气候干旱，花芽就形成雌花。
6. （　）植物改变性别不是为了繁殖而是为了适应环境。

词语练习

根据构词法或上下文写出下面词语的反义词

低等动物——　　　　　雌——

高昂——　　　　　　　潮湿——

阅读 ③

实验设计

　　实验的目的在于检验假设的有效性,在检验的过程中有效数据的采集至关重要。如何取得有效数据,取决于使用正确的设备和实验方法。我们用一个例子加以说明。实验目的是检验假设"光线的强度可影响光合作用的速度"。

　　分析自变量和应变量:光线的强度在假设里是影响的因素,并可以由实验者控制,它是非依赖性的变量,是自变量;在一定时间内,释放的氧气的体积(tǐjī/volume)可以用来测定光合作用的速度。它的改变在假设里依赖于光线的强度,是依赖性的变量,是应变量。

　　除了这两个关键的变量以外,其他可变的因素(比如水的温度、植物的种类、叶子的数量等)需要设定为不变,这样它们就不会影响结果。

　　取很多不同数值的自变量得出应变量的相应数值,计算应变量的平均值(píngjūnzhí/average),从而减少只有一个数值的影响和偏差。最后如果实验者怀疑结果是否真实,就需要重复实验,看看结果是否跟原来的一致。

生词语

1. 实验　　　　　（名）　　　shíyàn　　　　experiment
2. 检验　　　　　（动）　　　jiǎnyàn　　　　to test; to verify
3. 有效性　　　　（名）　　　yǒuxiàoxìng　　validity
4. 数据　　　　　（名）　　　shùjù　　　　　data
5. 强度　　　　　（名）　　　qiángdù　　　　intensity
6. 因素　　　　　（名）　　　yīnsù　　　　　factor
7. 变量　　　　　（名）　　　biànliàng　　　variable
8. 非　　　　　　（副，前缀）　fēi　　　　　not; non-
9. 偏差　　　　　（名）　　　piānchā　　　　deviation; error

阅读理解

一、按课文填空

　　实验的目的_____检验假设的有效性，在检验的过程中有效数据的采集_____。如何取得有效数据，_____使用正确的设备和实验方法。我们用一个例子_____说明。

二、回答问题

1. 实验的目的是什么？
2. 在实验中取得有效的数据需要注意哪些方面？

三、实验设计

　　现提供新鲜柑橘60个，塑料桶数个，松树针叶适量，蒸馏水、清水、无色透明保鲜袋若干，医用APC（保鲜剂）、温湿计、台式天平、量筒、空调机等。请你设计一个实验方案，在室温24℃的条件下，研究松树针叶是否有保鲜作用。

科技常识——食物营养小常识

食物营养素主要有下面六种：

蛋白质	dànbáizhì	protein
脂肪	zhīfáng	fat
糖	táng	sugar
矿物质	kuàngwùzhì	Mineral substance
水	shuǐ	water
维生素	wéishēngsù	vitamin

第八课 反应速率

课文

化学反应的发生可以用粒子模型来解释：若参加反应的反应物粒子碰撞，所产生的能量足够打破原有的化学键，形成新的产物，则化学反应发生。

反应速率告诉我们在给定的时间里化学反应所形成的产物有多少，在给定的时间里所消耗的反应物有多少。反应速率取决于反应物在一起反应时的条件。根据粒子反应模型，要提高反应速率，这些条件应该体现在增加粒子、加快粒子碰撞速度、保证足够能量等三方面。在实际操作中，我们主要考虑这些因素：

温度

加热反应物，使它们的粒子运动得更快，增加粒子碰撞的次数，并保证碰撞使有更多粒子具有足够的能量活化反应。通常反应速率随温度的升高而提高。

固体反应物的表面积

碰撞在固体反应物的表面发生。将固体分解成较小的碎片可以增加表面积，提高反应速率。这解释了为什么我们实验中的材料一般都是粉末状的而不是块状的。

浓度

提高溶液中反应物的浓度就相当于增加了粒子的数量，从而增加粒子碰撞的频率。

催化剂

催化剂不参加反应,但它降低反应所需的活化能,这意味着有更多的粒子有足够的能量活化反应。

(据《牛津图解中学科学》)

生词语

1. 速率	(名)	sùlǜ	speed ratio
2. 粒子模型	(名)	lìzǐ móxíng	Particle Model
3. 碰撞	(动)	pèngzhuàng	to collide; to impact
4. 化学键	(名)	huàxuéjiàn	chemical bond
5. 活化	(名)	huóhuà	activation
6. 粉末状		fěnmò zhuàng	shape of farina
7. 溶液	(名)	róngyè	liquor; solution
8. 催化剂	(名)	cuīhuàjì	catalyst
9. 意味	(动)	yìwèi	to imply

阅读理解

一、根据课文内容选择正确答案(答案可能不止一个)

1. 对反应速率理解正确的是:
   A. 它反映了在一定的时间里化学反应能形成多少产物
   B. 它表现了在一定的时间里所消耗的反应物的量
   C. 它取决于反应物在一起反应时的条件
   D. 它是反应的速度

2. 提高反应速率应该体现在:
   A. 增加粒子   B. 根据粒子反应模型
   C. 加快粒子碰撞速度   D. 保证足够能量

3. 在通常情况下,反应速率与温度的关系是:
   A. 反应速率随温度的升高而下降   B. 反应速率随温度的升高而提高
   C. 反应速率随温度的降低而提高   D. 反应速率跟温度的变化没有关系

4. 对催化剂的正确理解是：

   A. 它提高反应所需的活化能

   B. 它降低反应所需的活化能

   C. 催化剂参加反应

   D. 使更多的粒子可以利用能量活化反应

二、回答问题

   1. 用粒子模型理论怎样理解化学反应的发生？

   2. 为什么我们实验中的材料一般都是粉末状的？

   3. 提高溶液中反应物的浓度有什么作用？

1. 若……则……

   书面语，与"如果……就……"同义。

   (1) 若 A+B=C，则 B=C-A。

   (2) 若想取得成功，则需不断的努力。

2. 条件

   影响事物发生、存在或者发展的情况、状况。

   (1) 既然没有经济和地域条件，工厂就不要再扩大了。

   (2) 他具有当运动员的良好身体条件。

3. 意味

   表示含有某种意义。不能单独做谓语，必须带"着"。

   (1) 实现农业机械化意味着劳动生产率的大大提高。

   (2) 科学的发展意味着人类的进步。

词语比较

"保证"与"保障"

动词"保障"的意思是确保,宾语多是名词或名词性词语,如"人民"、"财产"、"权利"、"生命安全"等;"保证"除了确保外,还有保证做到的意思,宾语多是动词或动词性词语,如"完成任务"、"丢不了"等。

(1) 只要有足够的工人和材料,就能保证工程按时完成。
(2) 我向你保证,这个任务一定能完成。
(3) 婚姻法保障了女性的合法权利。
(4) 为保障人民生命财产的安全,必须作好防汛工作。

词语练习

用课文中出现过的词语填空

1. 物体_____温度升高_____体积变大。
2. 垃圾在土壤中会慢慢_____。
3. _____想使粒子运动加快_____可以用加热的办法。
4. 化学反应发生_____新产物的形成。
5. 一定要_____在9月以前顺利完工。
6. 不进步就_____落后。
7. 提高溶液中反应物的浓度就_____增加了粒子的数量,_____增加粒子碰撞的频率。

快速阅读

阅读 ①

打个呵欠

打呵欠这个动作在出生后5分钟便出现了,并反复再现,一直伴随着你,直到生命的终结。

人为什么打呵欠呢?过去,相当多的科学家认为,一个人在长时间的工作后出现疲倦,呼吸趋于慢呼吸或浅呼吸,这样氧气就会不足,就容易打呵欠,因为打呵欠可以增加血液(xuèyè/blood)里的氧气,将积存下来的多余二氧化碳排出体外。

事实真的是这样吗?有一位科学家做了个实验,让学生吸入含有氧气和二氧化碳的混合气体,结果他们打呵欠的次数并没有增加,而让他们吸入纯净的氧气时,打呵欠的次数也没有减少。可见,体内氧气不足和二氧化碳过多,并不是打呵欠的主要原因。

他还发现,夜间行车的司机会频繁地打呵欠,正在认真看书的学生也会呵欠连连,连在家中看电视的人也会接连不断地打呵欠,却很少有人在床上打呵欠。由此他认为,打呵欠是人们觉得必须保持清醒状态时促进身体觉醒的一种反应。而已经上床的人很少打呵欠,是因为他们不再需要保持清醒状态,已经可以安然入睡了。

颇为有趣的是呵欠会传染。只要有一个人打呵欠,周围的人们也会跟着打起呵欠来,电影或录像中打呵欠的镜头,也能促使观看者打起呵欠来。

打呵欠能消除疲劳,振奋精神,减轻人的精神紧张程度。有时候要想提高工作效率,不妨打个呵欠。

生词语

1. 呵欠	(名)	hēqian	yawn
2. 疲倦	(形)	píjuàn	tired
3. 浅	(形)	qiǎn	shallow
4. 多余	(形)	duōyú	superabundant
5. 传染	(动)	chuánrǎn	to infect
6. 振奋	(动)	zhènfèn	to inspire; to summon
7. 不妨	(副)	bùfáng	might as well

阅读理解

一、根据课文填空

1. 打呵欠这个动作在出生后5分钟_____出现了,并_____再现,_____伴随着你,_____生命的终结。

2. 他还发现,夜间行车的司机会_____地打呵欠,正在认真看书的学生也会呵欠_____,连在家中看电视的人也会接连_____地打呵欠。

3. 颇为有趣的是呵欠会传染。_____有一个人打呵欠,周围的人们_____会跟着打起呵欠来。

二、判断正误

1. (　) 打呵欠是一个伴随你终生的动作。
2. (　) 打呵欠是为了增加血液里的氧气,将多余的二氧化碳排出体外。
3. (　) 科学家发现很多人在床上打呵欠。
4. (　) 人们觉得必须保持清醒状态时需要打呵欠。
5. (　) 打呵欠传染的原因是疲倦。
6. (　) 打呵欠能提高工作效率。

词语练习

画划线连接可搭配的词语

1. 打　　　　A. 清醒
2. 消除　　　B. 精神
3. 提高　　　C. 呵欠
4. 保持　　　D. 疲倦
5. 振奋　　　E. 效率

阅读 2

中和

电离时所生成的阳离子全部是氢离子的电解质叫做酸。盐酸(HCl)、硫酸(H_2SO_4)和硝酸(HNO_3)都属于酸类。

$$HCl + H_2O \rightarrow H^+(aq) + Cl^-(aq)$$

电离时所生成的阴离子全部是氢氧根离子的电解质叫做碱。氢氧化钠(NaOH)、氢氧化钾(KOH)、氢氧化钡($Ba(OH)_2$)都属于碱类。一些碱可溶于水,它们被称为强碱。

$$NaOH + H_2O \rightarrow OH^-(aq) + Na^+(aq)$$

当强碱加到酸中,得到的产物呈中性,我们说酸和碱中和了。

$$NaOH + HCl \rightarrow NaCl(aq) + H_2O(l)$$

溶液的酸碱强弱可用 pH 值来衡量。pH7 为中性,pH0–6 为酸性,数值越小,酸性越强;pH8–14 为碱性,与酸性相反,数值越大,碱性越强。

中和反应在工农业甚至医学上都十分重要。如果土壤(tǔrǎng/soil)是中性或弱碱性,大多数植物都会长得更好。于是人们常用石灰(氢氧化钙 $Ca(OH)_2$)中和酸性土壤;人体胃里产生盐酸,但是盐酸太多会引起肠胃不适,这样可通过服用碳酸镁($MgCO_3$)等碱性药物来治疗;黄蜂(huángfēng/wasp)针毒是碱性的,可使用酸(如家用醋)中和,减轻针毒症状。

(据《牛津图解中学科学》)

生词语

1. 中和	(动)	zhōnghé	to counteract; to neutralize
2. 电离	(名)	diànlí	ionization
3. 阳(阴)离子	(名)	yáng(yīn)lízǐ	cation(anion)
4. 电解质	(名)	diànjiězhì	electrolyte

5. 衡量	（动）	héngliáng	to weigh; to scale
6. 治疗	（动）	zhìliáo	to cure; to treat
7. 症状	（名）	zhèngzhuàng	symptom

阅读理解

一、回答问题

1. 根据课文的定义，下面哪些是酸？哪些是碱？

   H_2S H_3PO_4 NaH_2PO_4 $Mg(OH)_2$ $Cu_2(OH)_2CO_3$ $Fe(OH)_3$

2. 请你写出 KOH 和 H_2CO_3 发生中和反应的化学式。

3. 请说说你知道的中和反应在工业、农业、医学上的应用。

二、根据课文连线

1. pH2   A. 中性
2. pH7   B. 弱酸
3. pH12   C. 强酸
4. pH9   D. 强碱
5. pH6   E. 弱碱

阅读 ③

隔夜茶不宜喝

一般来说，茶第一次冲泡有50%-60%的浸出物，像氨基酸、糖、茶多酚、咖啡碱等进入茶水。第二次冲泡又可浸出30%，第三次冲泡能再浸出10%。茶叶冲泡了三四次以后，能浸出的差不多就都已浸出，而部分茶多酚和微量元素是最后浸出的。隔夜茶放置时间长，其中茶多酚含量高，茶味已经不正了。

另外，随着茶叶冲泡时间的增长，维生素C会逐渐分解，尤其在茶冲好的最初3个小时，维生素C的分解非常显著。维生素C是茶叶中的主要抗氧化剂，可以阻止N-亚硝基致癌物在人体内的生成。所以维生素C全部消失后，茶水中只有茶多酚和微量元素锌(Zn)和硒(Se)联合作战来抗癌了。

再者,隔夜时间过久,茶里的蛋白质和糖类会滋生细菌,如要饮用最好再煮一次。如果茶水不断氧化,以致变味发馊,就不能再喝了。

(据《身边的化学》)

生词语

1. 冲泡　　　　　（动）　　chōngpào　　　　　to steep
2. 氨基酸　　　　（名）　　ānjīsuān　　　　　 amino acid
3. 微量元素　　　（名）　　wēiliàng yuánsù　 microelement
4. 抗氧化剂　　　（名）　　kàngyǎnghuàjì　　 antioxidant
5. 滋生　　　　　（动）　　zīshēng　　　　　　to grow
6. 发馊　　　　　（动）　　fāsōu　　　　　　　to get sour

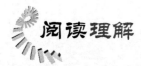

一、根据课文填空

_____茶叶冲泡时间的增长,维生素C会_____分解,尤其在茶冲好的最初3个小时,维生素C的_____非常显著。维生素C是茶叶中的主要抗氧化剂,可以阻止N－亚硝基致癌物在人体内的_____。

二、回答问题

1. "隔夜茶"的意思是什么？如此类推,"隔夜饭菜"又是什么意思？
2. 文章从几方面解释为什么隔夜茶不宜饮用？
3. 随着冲泡次数的增加,浸出物越来越多还是越来越少？
4. 导致隔夜茶味道不正的原因是什么？
5. 茶叶中的维生素C的作用是什么？冲泡多久的茶维生素C含量显著？

科技常识——词的构成（一）

1. 量——表示一定的数量或容量
   含量　　　动量　　　能量　　　原子量

2. 法——表示一种特定的方法
   锤击法　　图像法　　归纳法　　演绎法

3. 学——表示某一个领域的专项知识
   生物学　　化学　　　机械工程学　建筑学

4. 家——在某个研究方向或领域中有成绩的人
   物理学家　画家　　　作家　　　音乐家

猜猜下列词语的意思

电量　　　力量　　蒸发量　　列表法　　反证法
动物学　　光学　　心理学　　收藏家　　艺术家　　商家

第九课　口渴的隐形眼镜

课文

你想摘下挡住美丽眼睛的眼镜吗？你想丢掉妨碍你在运动场上大显身手的厚"瓶底"吗？你想改变形象拥有蓝色的眼睛吗？一副隐形眼镜便可以满足你的这些愿望。

小小隐形眼镜能替代厚厚的镜片，秘密究竟是什么呢？

原来，制造隐形眼镜的材料聚甲基丙烯酸羟乙酯，是一种吸水性树脂(shùzhī/resin)，它的吸水量是自身重量的20多倍，有一定的透气性，可以附在眼球上，又能保持眼睛的正常供氧；它还具有亲水性，与水接触会变得非常柔软，配戴起来不会有不适的感觉。

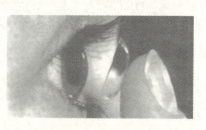

其实，除了聚甲基丙烯酸羟乙酯以外，还有更神奇的吸水性树脂，它们的吸收水量更大，可以吸收比自身重量大几百倍至上千倍的水。比如将20克白色粉粒状的丙烯酸类高吸水性树脂放到一张白纸上，然后将两大杯近3000毫升的水慢慢倒在白粉粒上，这些白粉粒就能奇迹般地像海绵(hǎimián/sponge)一样将水全部吸收，滴水不流，连下面的白纸也不沾湿。与海绵不同的是，它吸水膨胀后即使加压，也很难把水挤出。

高吸水性树脂的应用范围相当广，可以做农业的土壤保水剂，做食品的保鲜材料，建筑业的上水剂，在医学上做卫生材料，如婴儿纸尿布(zhǐniàobù/nappy)、人造皮肤等。

在我国，干旱和半干旱面积占全国陆地面积的 52.5%，荒漠化面积已达 262 万平方千米，而且荒漠化以每年约 70 平方千米的速度发展，高吸水性树脂将会在农林业的抗旱保水方面发挥作用。

(据《e 时代 N 个为什么——材料》)

生词语

1. 隐形眼镜	（名）	yǐnxíng yǎnjìng	contact lenses
2. 形象	（名）	xíngxiàng	appearance; image
3. 透气	（动）	tòuqì	to ventilate; to breathe freely
4. 附	（动）	fù	to attach
5. 供氧	（动）	gòng yǎng	to supply oxygen
6. 柔软	（形）	róuruǎn	soft
7. 聚甲基丙烯酸羟乙酯	（名）	jùjiǎjībǐngxīsuān- qiǎngyǐzhī	Hydroxyethyl Methacrylate (HEMA), *a kind of chemical polymer*
8. 丙烯酸类	（名）	bǐngxīsuānlèi	crylic acids, *a genus of chemical acids*
9. 奇迹	（名）	qíjì	miracle
10. 应用	（动）	yìngyòng	to apply
11. 保鲜	（动）	bǎoxiān	to keep fresh
12. 建筑业	（名）	jiànzhùyè	architecture industry
13. 荒漠化	（动）	huāngmòhuà	to desertify

阅读理解

一、根据课文内容选择正确答案(答案可能不止一个)

1. 制造隐形眼镜的材料特点是：
   A. 吸水性　　　　B. 透气性
   C. 亲水性　　　　D. 膨胀性

2. 课文题目"口渴的隐形眼镜"中"口渴"一词指的是：
   A. 吸水性　　　　B. 透气性
   C. 亲水性　　　　D. 膨胀性

3. 课文第一段中"厚瓶底"的意思是：

   A. 隐形眼镜   B. 高吸水性树脂

   C. 玻璃镜片   D. 聚甲基丙烯酸羟乙酯

4. 关于高吸水性树脂的说法正确的是：

   A. 可以吸收比自身重量大几百倍至上千倍的水

   B. 像海绵一样吸水膨胀，加压后可把水挤出

   C. 应用范围很广

   D. 可应用于我国农林业的抗旱保水工作

二、根据课文填空

1. 其实，_____聚甲基丙烯酸羟乙酯_____，_____有更神奇的吸水性树脂。

2. 将20克白色粉粒状的丙烯酸类高吸水性树脂放到一张白纸上，_____将两大杯近3000毫升的水慢慢倒在白粉粒上，这些白粉粒就能奇迹_____地像海绵_____将水全部吸收，滴水不流，_____下面的白纸_____不沾湿。_____海绵不同的是，它吸水膨胀后_____加压，_____很难把水挤出。

3. 在我国，干旱和半干旱面积_____全国陆地面积的52.5%，荒漠化面积已_____262万平方千米，而且荒漠化_____每年约70平方千米的速度发展。

词语注释

1. 拥有

> 表示对后加的名词具有领属权，名词多为数量较大的事物，如土地、人口、财产等。
> (1) 这个地区拥有大片的良田。
> (2) 中国拥有十三亿人口。
> 数量少、价值低的具体事物一般不说"拥有"。
> (3) 我有一支水彩笔。
> (4) 他家有五口人。

2. 般

> 用在名词后面，"像……那样"的意思。
> (1) 今年的夏天像秋天般凉爽。
> (2) 直到现在，我仍然记得我的小学老师曾经母亲般地照顾过我。

3. 与

用来引进比较的事物。意思和用法和"跟"相同,"跟"用于口语,"与"书面语色彩较浓。除了做介词以外,也可做连词,意思和用法跟"和"相同。
(1) 今年与去年不同,考试的题目难多了。
(2) 这篇文章的观点与那篇完全相反。
(3) 有了圆心与半径,就能决定一个圆。
(4) A 地与 B 地之间的距离为 800 公里。

4. 占

A 占 B(＋的分数/比例),常用来说明部分和整体的比例关系。
(1) 水大约占人体体重的 60%。
(2) 做作业占了我大部分的课余时间。

5. 以

表示动作、行为的方式。
(1) 火车以 120 公里/小时的速度行驶着。
(2) 他以诚恳的态度得到了大家的信任。

词语比较

"应用"与"使用"

"应用"为适用某种需要而使用,多用于抽象事物,如理论、原理、观点、技术等。"使用"多为习惯性的,一般性的"用"。
(1) 我们应该把学到的知识应用到实际生活中。
(2) 这项研究成果还没得到广泛的应用。
(3) 还是使用本民族的语言最亲切。
(4) 这种电灯的使用时间约为一千小时。

词语练习

一、写出几个含相同语素的词

保：保水剂　　保鲜
化：荒漠化　　（　　　）　　（　　　）
剂：上水剂　　（　　　）　　（　　　）
业：建筑业　　（　　　）　　（　　　）
性：透气性　　（　　　）　　（　　　）

二、用括号中的词改写句子

1. 小王在这次乒乓球比赛中表现非常好。（大显身手）
2. 这个医院的医疗设备非常先进。（拥有）
3. 现在火车行驶的速度是120公里/小时。（以）
4. 她的声音像银铃一样动听。（般）
5. 我们可以用保险丝或断电开关来确保用电安全。（使用）
6. 有些元素因为具有良好的性能和奇特作用而被广泛用到食品、药品等多个领域中。（应用）
7. 中国人口是世界人口的1/5。（占）

快速阅读

阅读 1

拯救生命的汽车安全气囊

汽车越来越多，是好事还是坏事？对处理交通事故的警察来说，他们可能认为车多不是好事，因为车毁人亡的悲剧实在太多了。

由于车祸而控制汽车数量的做法是不可取的，提高汽车的安全性便成了汽车工程师的重要任务。

美国机械师约翰·赫曲克发明的安全气囊，拯救了无数人的生命。通用汽车公司生产的家庭经济型轿车因配置了安全气囊而广受欢迎。

安全气囊由传感器、气体发生器和气囊三部分组成。汽车一旦发生碰撞,安装在汽车前端的碰撞传感器和汽车中部的安全传感器就收集到受撞信息,电脑立即进行分析,一旦超过设定极限值,电脑就向电热点火器发出信号,在0.05秒的时间内引燃固体爆炸物,释放出氮气,在几毫秒(háomiǎo/millisecond)至几十毫秒的时间内完成向气囊充气,充气气囊就会瞬时弹出,保护司机和坐在副驾驶(fùjiàshǐ/front passenger seat)座上的人员。有了安全气囊再加上安全带(ānquándài/safety belt),安全就更有保障了!

(据《e 时代 N 个为什么——材料》)

生词语

1. 拯救	(动)	zhěngjiù	to rescue; to save
2. 安全气囊	(名)	ānquán qìnáng	safe gasbag
3. 事故	(名)	shìgù	accident
4. 车毁人亡		chēhuǐ-rénwáng	vehicle ruins and people die
5. 悲剧	(名)	bēijù	tragedy
6. 经济型	(形)	jīngjìxíng	economic
7. 配置	(动)	pèizhì	to deploy; to dispose
8. 传感器	(名)	chuángǎnqì	sensor
9. 设定	(动)	shèdìng	to enact; to set up
10. 极限	(名)	jíxiàn	limit

专名

约翰·赫曲克　　　　Yuēhàn Hèqūkè　　John Hotrich, *American machinist*

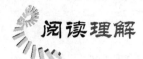

一、根据课文填空

安全气囊_____传感器、气体发生器和气囊三部分_____。汽车_____发生碰撞,安装在汽车前端的碰撞传感器和汽车中部的安全传感器就_____到受撞信息,电脑立即进行分析,一旦超过_____极限值,充气气囊就会_____弹出,_____司机和坐在副驾驶座上的人员。有了安全气囊再加上安全带,安全就更有_____了!

二、判断正误

1.(　) 作者认为用控制汽车数量来减少车祸的做法是对的。
2.(　) 安全气囊是英国机械师约翰·赫曲克发明的。
3.(　) 安全气囊由传感器、气体发生器和气囊三部分组成。
4.(　) 碰撞传感器和安全传感器安装在汽车的前端。
5.(　) 遇到危险情况时,安全气囊将在极短的时间内释放出氮气。
6.(　) 安全气囊最多只能保护车上两名乘车人员。

三、请画图描述安全气囊的工作程序

写出意思相近的词

1. 救助——
2. 分配并布置——
3. 应该做的,值得做或值得学习的——
4. 意外的损失或很不幸运的事情——

阅读 ❷

纳米材料和纳米科学

米、厘米、毫米作为长度单位最为常见,更小的单位是微米,比微米再小的单位就是纳米了。

1纳米是1毫米的百万分之一,几十万纳米加在一起才有头发丝般粗细。纳米材料科学是一门新兴的尖端学科,而纳米物质却早已存在,只是当时人们还没认识到罢了。科学家们发现,有些动物具有远距离的定向定位能力,一个共同的秘密就是在它们体内有一种磁性纳米微粒,正是这种磁性纳米微粒和地球磁场的作用,使它们不会迷路。千年古镜为什么能依然光可鉴人?古猿人的牙齿为什么至今仍光洁如初?专家说这是因为它们的表层都有一层纳米微晶。

只要人们对纳米材料有了充分的认识,就完全可以把它应用到各行业中去。光彩夺目的金属被切割成纳米微粒后,就变成黑金,因为它吸收了可见光而成为太阳黑体,用这类材料做隐形飞机(yǐnxíng fēijī/invisible airplane)是再好不过了。普通陶瓷(táocí/pottery; porcelain)坚硬易碎,而当我们把制造陶瓷的原料粉碎成纳米微粒后,再制成纳米微晶,陶瓷就像金属一样可弯曲变形。

目前微电子技术已经走到极限,无法再微小下去了,只有纳米才能使科学技术超微型化。世界各国对纳米材料科学的研究,将成为21世纪研究的核心。

(据《改变人类的科学活动》)

生词语

1. 纳米	(名)	nàmǐ	namometer
2. 尖端	(形)	jiānduān	most advanced
3. 磁场	(名)	cíchǎng	magnetic field
4. 微晶	(名)	wēijīng	micro-crystal
5. 切割	(动)	qiēgē	to incise
6. 粉碎	(动)	fěnsuì	to smash; to crush

7. 微电子技术	（名）	wēidiànzǐ jìshù	microeletronic technology
8. 核心	（名）	héxīn	core

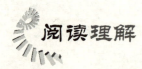

回答问题

1. 什么是纳米？
2. 请举例说明纳米物质早已存在的事实。
3. 隐形飞机的材料是怎样制造出来的？
4. 你见过像金属一样可弯曲变形的陶瓷吗？它是怎样制成的？
5. 介绍一下你们国家纳米技术的应用情况。

解释下列词语

1. 常见：
2. 光可鉴人：
3. 光洁如初：
4. 光彩夺目：
5. 再好不过：

阅读 3

绿色能源

20世纪下半叶，面对酸雨、光化学烟雾，还有汽车排放的有毒气体，人类越来越关心自己生存的环境。"绿色能源"这个名词在近几年逐渐风行起来。

所谓绿色能源，是指不产生有害排放物，如一氧化碳、二氧化碳、二氧化硫等，对空气不构成污染或污染很少的能源。它们包括太阳能、风能、潮汐能（cháoxīnéng/tidal energy）、地热能、氢能和核能等。核能有放射污染，但只要设计得当，遵守操作规程，保证反应堆的安全，就可以避免放射性污染。

可以看出，绿色能源已不再是字面上的意义了。一切绿色生物在燃烧时会产生二氧化碳等有害气体，反而不能算绿色能源。

现在世界上仍然以煤(méi/coal)和石油作为主要能源，它们会排放有害气体，污染环境，不是绿色能源。但目前绿色能源的开发利用成本很高，要做到全部使用绿色能源需要一个较长的过程。

(据《身边的化学》)

生词语

1. 下半叶	(名)	xiàbànyè	latter fifty years
2. 酸雨	(名)	suānyǔ	acid rain
3. 光化学烟雾		guānghuàxué yānwù	photochemical smog
4. 风行	(动)	fēngxíng	to be in popular/vogue
5. 核能	(名)	hénéng	nuclear energy
6. 反应堆	(名)	fǎnyìngduī	reactor
7. 成本	(名)	chéngběn	cost

阅读理解

根据课文内容填空

1. 日常生活中，我们身边的环境污染有_____。
2. "绿色能源"是指_____的能源。
3. 目前所谓的绿色能源包括_____，只要_____，核能也是绿色能源。
4. 由于绿色能源_____，所以不能在短期内替代现有能源。

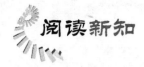

表达方式——比较的表达方式

1. 表示事物相同
   A 跟(与/和)B 一样(相同)
   A 有 B 那么(这么)……
   A 相当于 B
   表示事物相近、相似
   A 跟(与/和)B 相似(差不多)
   表示事物不同
   A 跟(与/和)B 不一样(不同)
2. 比较程度的差别、高低
   A 比 B……
   A 与 B 相比更(还)……
   A 没有 B……
   A 不如 B……
   在……方面,A 达不到 B 的程度

第十课 黄金分割
——度量美的尺子

课文

美是一种感觉,本来应该没有什么客观的标准。但在自然界里,物体形状的比例却在均匀与协调上提供了一种美感的参考。在数学上,这个比例被称之为黄金分割。

在线段(xiànduàn/line segment)AB上,若要找出黄金分割的位置,可以设分割点为G,则G点要符合以下的特点:

AB:AG = AG:GB

设　　AB=l; AG= x,

则　　l:x = x:(l-x)

即　　$x^2+lx-l^2=0$

解上式,并舍去负值,得 x=$(\frac{-1+\sqrt{5}}{2})\times l$=0.618$l$

由此求得黄金分割点的位置为线长(l)之0.618。

在人体躯干(qūgàn/body; trunk)与身高的比例上,肚脐(dùqí/navel; belly button)是理想的黄金分割点。换言之,若此比值愈接近0.618,愈给人有一种美的感觉。很可惜,一般人的躯干(由脚底至肚脐的长度)与身高比都低于此数值,大约只有0.58至0.60左右。

为了使身材看上去更美一些,爱美的女孩子纷纷穿上高跟鞋(gāogēnxié/high-heeled shoe),以此增长下半部分躯干的长度,使之与身高的比例接近0.618。假设一女孩子的身

高为160cm，原来躯干与身高的比为0.6，即 x:l=0.60，那么她应该穿多高的高跟鞋呢？如果高跟鞋的高度为d，比例式应为：

$(x+d):(l+d)=(0.60l+d):(l+d)=0.618$

把 x:l=0.60 和 l=160cm 代入比例式，计算得出 d≈7.62cm

很多人觉得看芭蕾舞(bālěiwǔ/ballet)是一种美的享受，芭蕾舞演员美的秘密就在于表演的时候把脚踮起来了，使躯干增长6-8cm，这个道理跟穿高跟鞋是一样的！

（据《生活中的数学》）

生词语

1.	黄金分割		huángjīn fēngē	Golden Section
2.	度量	（动）	dùliáng	to measure
3.	客观	（形）	kèguān	objective
4.	均匀	（形）	jūnyún	symmetric; rhythmic
5.	协调	（形）	xiétiáo	harmonious
6.	参考	（名）	cānkǎo	reference
7.	之	（代）	zhī	it
8.	设	（动）	shè	to suppose
9.	则	（连）	zé	so
10.	舍	（动）	shě	to abandon
11.	此	（代）	cǐ	this
12.	愈…愈…		yù...yù...	more... more...

阅读理解

一、根据课文填空

1. 黄金分割使人们在比例和协调上有_____。
2. 黄金分割点的位置应在线长的_____上。
3. 肚脐位置是人体_____。
4. 一般人的躯干与身高的比_____黄金分割点的比例要求。

5. 我们觉得芭蕾舞很美,是因为_____。

二、请你解释下面句子中加点词指代的名词或名词短语是什么

1. 在人体躯干与身高的比例上,肚脐是理想的黄金分割点。换言之,若此比值愈接近 0.618,愈给人有一种美的感觉。很可惜,一般人的躯干与身高比都低于此数值,大约只有 0.58 至 0.60 左右。

2. 为了使身材看上去更美一些,爱美的女孩子纷纷穿上高跟鞋,以此增长下半部分躯干的长度,使之与身高的比例接近 0.618。

三、如果你是女孩子,计算一下你应该穿多高的高跟鞋

词语注释

1. 之

书面语,代替人或事物,相当于"它"。
(1) 广州四季鲜花盛开,因而也被称之为花城。
(2) 看过这部电影的人无不为之感动。
还可给中心语介绍修饰语,相当于"的"。
(3) 孩子是父母的希望之光。
(4) 试验的成功标志着他们找到了打开胜利之门的钥匙。

2. 换言之

用另一种说法。
(1) 东西越少越贵。换言之,物以稀为贵。
(2) 秋天下过雨后,天气就会变得更冷。换言之,一场秋雨一场寒。

3. 愈……愈……

书面语,与"越……越……"相同,表示程度的加深。
(1) 真理愈辩愈明。
(2) 他的汉语愈说愈好。

4. 由……至……

"从……到……"的意思，多用于书面，表示从起点到终点。

(1) 中国由南至北有热带、温带、寒带的不同植物。

(2) 这栋楼由二楼至五楼都是办公室。

5. 比例式的读法举例

AB:AG = AG:GB 读为：AB 比 AG 等于 AG 比 GB。

词语练习

一、根据课文填空

1. _____靠近元素周期表左边的元素金属性_____强。_____，在表上，_____左右元素的金属性渐弱。

2. 游客们_____购买纪念品留念。

3. 听音乐是一种_____。

4. 修建房屋时也要考虑和周围环境相_____。

二、请读出以下比例式

1. 8:4=2:1

2. 这场比赛我们队以 3:1 取得了胜利。

3. 这幅地图的比例尺为：1:50 000。

第十课 黄金分割——度量美的尺子

快速阅读

阅读 1

球和穹隆建筑

球在美学和建筑学中都占有重要地位。

近几十年来,球形的穹隆建筑在世界各地被广泛采用。这种建筑建设时间短、用料省、坚固美观。

穹隆建筑的"穹隆"是指圆球形的顶,它是由许多细短的杆件(gǎnjiàn/pole)构成的。严格地说,穹隆并不是一个真正的球体,而是由许多个多边形平面组成,杆件的交点都在球面上。实际上,它是一个球的内接多面体。

穹隆建筑是由美国建筑师富勒于1948年首先建成的。穹隆建筑也叫网格球顶。富勒最重要的贡献在于他看到了多面体、球与建筑之间的联系,并把它应用在网格球顶上。由于网格球顶的结构接近于球,它的性质更接近于球的性质,具有同体积下表面积最小的特点,因此网格球顶建筑比其他形式的建筑节省建筑材料;又由于网格球顶在拼接时用了很多三角形,而三角形具有稳定性,所以网格球顶建筑又有结实、不容易变形的特点。

(据《探索形状的奥秘Ⅰ》)

生词语

1. 穹隆建筑	(名)	qiónglóng jiànzhù	arched roof building
2. 坚固	(形)	jiāngù	firm
3. 平面	(名)	píngmiàn	plane
4. 交点	(名)	jiāodiǎn	point of intersection
5. 多面体	(名)	duōmiàntǐ	polyhedron
6. 贡献	(名)	gòngxiàn	contribution

7. 结构	（名）	jiégòu	structure	
8. 拼接	（动）	pīnjiē	to piece together; to patch up	
9. 三角形	（名）	sānjiǎoxíng	triangle	

专名

富勒	Fùlè	Fuller *(Richard Buckminster ~, 1895–1983, American architect)*

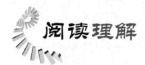
阅读理解

一、根据课文内容选择正确答案（答案可能不止一个）

1. 球形的穹窿建筑在世界各地被广泛采用的原因是：
   A. 建设时间短　　　　　　B. 是一个真正的球体
   C. 用料省　　　　　　　　D. 坚固美观

2. 穹窿建筑的"穹窿"是：
   A. 圆球形的顶　　　　　　B. 用许多长杆件构成的
   C. 由许多个多边形平面组成　D. 一个球的外接多面体

3. 网格球顶建筑比其他形式的建筑节省建筑材料，原因是：
   A. 它在拼接时用了很多三角形
   B. 它是由许多个多边形平面组成的
   C. 它的结构接近于球，性质与球的性质相近，具有同体积下表面积最小的特点
   D. 它是一个球的内接多面体

4. 网格球顶建筑为什么具有结实、不容易变形的特点？
   A. 具有同体积下表面积最小的特点
   B. 它是一个球的内接多面体
   C. 它是一个真正的球体
   D. 网格球顶在拼接时用了很多三角形，具有三角形稳定的特性

二、根据课文填空

1. 近几十年＿＿＿＿，球形的穹窿建筑在世界各地＿＿＿＿广泛采用。
2. 严格地说，穹窿并＿＿＿＿＿＿一个真正的球体，＿＿＿＿＿＿由许多个多边形平面组成，杆件的交点都在球面上。＿＿＿＿＿＿上，它是一个球的内接多面体。

3. 富勒最重要的贡献_____他看到了多面体、球与建筑_____的联系，_____把它应用在网格球顶上。

词语练习

写出意思相近的词

1. 圆顶的建筑——
2. 不易坏的——
3. 拼装连接在一起——
4. 两条线相互交叉的地方——
5. 不浪费——
6. 相差不远——
7. 有多个面的物体——

阅读 2

ISBN 的最后一个数字

为了方便处理与日俱增的书目，出版商一般都会用国际统一书号 ISBN（International Standard Book Number）给书编号，然后用电脑来辨别。

ISBN 由 10 个数字组成，前 9 个分成 3 组，分别表示区域语言、出版社和书名的资料，最后一个数字用做检核。举例说，ISBN 0-451-52320-2 的第一个"0"表示这是一本英文书，"451"和"52320"分别为某个出版社和那本书书名的代号，最后的"2"就是检核号码。若要知道这个用 ISBN 表示的书目是否有错，只需按下面的程序算出最后的数字，看是否相符就行。

<程序一> 算出前面 9 个位值的总和。第一个数字的位值为 10，第二个数字的位值为 9，如此类推。

数字 位值
0 × 10 = 0
4 × 9 = 36
5 × 8 = 40
1 × 7 = 7
5 × 6 = 30

$$2 \times 5 = 10$$
$$3 \times 4 = 12$$
$$2 \times 3 = 6$$
$$0 \times 2 = 0$$

141

<程序二> 算出总和除以 11 后所得的余数。

$$\frac{141}{11} = 12 \cdots\cdots\cdots\cdots\cdots 9 (余数)$$

<程序三> 将 11 减去所得的余数，就是检核数值。检核数值如果是一位数值，可以直接写出来，如果是两位数字，用 X 表示。

11－9＝2

由此可见，编号 ISBN 0-451-52320-2 是正确的。

最后的数字作为检核之用，具有重要的意义。如果前面有一个数字错了，又没有最后的检核数字做复核，书目就不准确了。

（据《生活中的数学》）

生词语

1. 与日俱增	（成）	yǔrìjùzēng		to grow day by day
2. 出版商	（名）	chūbǎnshāng		publisher
3. 辨别	（动）	biànbié		to distinguish
4. 区域	（名）	qūyù		region; area
5. 是否	（副）	shìfǒu		if; whether or not
6. 相符	（动）	xiāngfú		to match
7. 总和	（名）	zǒnghé		summation
8. 余数	（名）	yúshù		remainder; arithmetical compliment

一、根据课文判断正误

1.（　　）国际统一书号 ISBN 的作用是让电脑容易辨别。

2.（　　）ISBN 由 10 个数字组成，要知道是哪个出版社出的书应该看第二个数字。

3.（　　）ISBN 的最后一个数字要通过多次计算才能得出。

4.（　　）ISBN 最后一组数字不可能是两位或以上的。

5.（　　）如果计算得出的数字跟 ISBN 的最后一个数字不相符，这本书可能不是正版书。

二、请你按照课文介绍的方法计算 ISBN 的最后一个数字

1. 7–100–03538–（　　）

2. 7–5619–0276–（　　）

解释词义

1. 与日俱增：

2. 如此类推：

3. 由此可见：

4. 复核：

阅读 ③

金字塔中的谜团

埃及的金字塔是世界七大奇迹之一。埃及有许许多多个金字塔，现存最大的、保存最好的是胡夫金字塔。胡夫金字塔是由 270 万块经过加工的大石块构成，原高为 146.6 米，现高 138 米，底边原长为 230.364 米，现长为 220 米。

金字塔的形状大多是正四棱锥形(zhèngsìléngzhuīxíng/four-pyramid shape)的，胡夫金字塔也不例外。正四棱锥底面是正方(zhèngfāngxíng/square)形，四个侧面是相同的等腰三角形(děngyāo sānjiǎoxíng/isosceles triangle)。胡夫金字塔的侧面与底

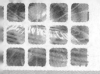

面的夹角是 52。尽管胡夫金字塔十分巨大,但它的四条底边几乎完全相等,误差小于 1％,竟然比现代的办公大楼还要小。

更奇妙的是,地球与太阳之间的平均距离为 14659 万千米。天文学上把这叫做 1 个天文单位。将胡夫金字塔的原高 146.6 乘以 10 亿(10^9),乘积与 1 个天文单位相差无几。胡夫金字塔的总重是 6000 万吨,乘以 1015 后等于地球的重量。还有,经考察推算,胡夫金字塔的南北中心线与当时的地球子午线只差 0.6 秒,穿过胡夫金字塔的子午线正好把陆地和海洋平分为两半。而胡夫金字塔内的直角(zhíjiǎo/right-angled)三角形厅室,各边之比为 3:4:5,恰好是勾股定理的典型。

难道 5000 多年前的修建者就懂得这么多科学定理?否则,难道都是巧合(qiǎohé/coincidence)?现在这些谜团仍然没有人能回答。

(据《探索形状的奥秘Ⅱ》)

生词语

1. 金字塔　　　（名）　　jīnzìtǎ　　　　pyramid
2. 谜团　　　　（名）　　mítuán　　　　riddle
3. 底面　　　　（名）　　dǐmiàn　　　　underside
4. 夹角　　　　（名）　　jiājiǎo　　　　nipped angle
5. 乘积　　　　（名）　　chéngjī　　　　product
6. 考察　　　　（动）　　kǎochá　　　　to examine; to inspect
7. 子午线　　　（名）　　zǐwǔxiàn　　　meridian
8. 勾股定理　　　　　　　gōugǔ dìnglǐ　　Gougu Theorem, i.e.Pythagrorean theorem

专名

1. 埃及　　　　　　　　　Āijí　　　　　　Egypt
2. 胡夫金字塔　　　　　　Húfū Jīnzìtǎ　　Khufu Pyramid

第十课　黄金分割——度量美的尺子

阅读理解

一、根据课文选择正确答案

1. 关于胡夫金字塔的说法正确的是：
   A. 是世界七大奇迹之一　　　　　　　　　　B. 不是正四棱锥形的
   C. 原高为 138 米，底边原长为 230.364 米　　D. 是现在能看到的最大的金字塔

2. 与"误差"相近的词是：
   A. 错误　　　　B. 偏差　　　　C. 差别　　　　D. 差不多

3. 胡夫金字塔的重量是：
   A. 6000 吨　　　　　　　　　　　　　　　　B. 跟地球的重量差不多
   C. 是地球重量的 1015 分之一　　　　　　　D. 最重的金字塔

4. 为什么 5000 多年前的修建者能够建造雄伟的金字塔？
   A. 他们知道很多科学定理　　　　　　　　　B. 仅仅是巧合
   C. 他们先建造金字塔，后来人们才发现科学定理　　D. 不知道

二、根据课文填空

1. 埃及的金字塔是世界七大奇迹_____。
2. 胡夫金字塔是由_____万块经过加工的大石块构成，原高为_____米，现高 138 米，底边原长为 230.364 米，现长为_____米。
3. 正四棱锥底面是_____，四个侧面是相同的等腰_____。
4. 将胡夫金字塔的原高 146.6 米_____10 亿(10^9)，乘积与_____相差_____。
5. 胡夫金字塔的南北_____与当时的地球子午线只差 0.6 秒。
6. 胡夫金字塔内的直角三角形厅室，各边之比为 3:4:5，恰好是_____的典型。

阅读新知

表达方式——书面语和口语词汇的对照

科技类文章用词多以书面体为主,有自己的特有词汇即科技词汇、专业术语等,也多用长句。书面语和口语词汇的对照请看下表:

书面语体	口语语体
与	和,跟
此	这
彼	那
于	在
为	是,作
之,其	它
之	的
设/若……则……	如果……那么……
愈……愈……	越……越……
由……至……	从……到……

请你从学过的课文中找出含有这些书面词语的句子。

第十一课 推省力还是拉省力

课文

手推车既可推又可拉,推和拉在用力方向上与水平线的夹角如果是一样的,为什么有人用推的方式,有人用拉的方式呢?究竟哪个更省力点?

以小车匀速运动(受合力为零)为例,下图为小车两种情况的受力分析图:

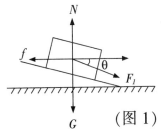

(图1)

当用手推车时,由图1得:

$N = F_1 \sin\theta + G$

$f = F_1 \cos\theta$

又 $f = \mu N \rightarrow f = \mu(F_1 \sin\theta + G)$

所以,$\mu(F_1 \sin\theta + G) = F_1 \cos\theta \rightarrow F_1 = \dfrac{\mu G}{\cos\theta - \mu\sin\theta}$

同理,当用手拉车时,由图2得:

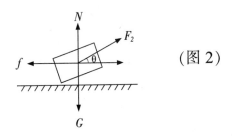

(图2)

$$F_2 = \frac{\mu G}{\cos\theta} + \mu\sin\theta$$

假设 G=500N, θ=37, μ=0.2, 则 $F_1 \approx 147N$, 而 $F_2 \approx 109N$, F_1 大于 F_2, 也就是说,拉比推省力。

其实,只看图不计算,我们也能分析出这样的结果。根据合力为零的原则,要车子前进,就得克服阻力。省力不省力,要看车轮受到的阻力有多大。在地面条件相同的情况下,车轮对地面的压力越大,阻力就越大,阻力大就费劲。反过来,压力小,阻力就小,也就省力。

推车的时候,用力的方向指向斜下方,它产生两个分力:一个分力向前,用来克服阻力,使车匀速前进;另一个分力竖直向下,加大了车对地面的压力,使得阻力加大。

拉车的时候,用力的方向指向斜上方,也产生两个分力:一个向前用来克服阻力;另一个竖直向上,减小了车对地面的压力,从而使阻力变小。

因此,拉车的时候需要克服的阻力小,就省力一些。

还有一种普通的情况,就是沿水平方向拉或推物体。这时推力和拉力都等于摩擦力,摩擦力只与地面的压力相关,而它们的压力等于物体的重力,所以这时推力和拉力大小一样。

(据《身边的物理学》)

生词语

1. 假设	(动)	jiǎshè	to suppose
2. 阻力	(名)	zǔlì	resistance
3. 费劲	(动)	fèi jìn	to need great effort
4. 斜	(形)	xié	tilted; inclined
5. 沿	(介)	yán	along
6. 摩擦力	(名)	mócālì	friction
7. 与…相关		yǔ... xiāngguān	to correlate
8. 重力	(名)	zhònglì	gravity

注:三角函数在汉语中的读法是从外语直接音译过来的,如 sin 读"赛因",cos 读"扣赛因"。

第十一课　推省力还是拉省力

阅读理解

一、判断正误

1. (　) 在地面条件相同的情况下,车轮对地面的压力越小,阻力就越小,阻力小就省力。
2. (　) 推车的时候,用力的方向指向斜下方,它产生两个分力:一个分力向前,用来克服阻力,使车匀速前进;另一个分力竖直向上,加大了车对地面的压力,使得阻力加大。
3. (　) 拉车的时候,用力的方向指向斜上方,也产生两个分力:一个向前用来克服阻力;另一个竖直向上,加大了车对地面的压力,从而使阻力减小。
4. (　) 沿水平方向拉或推物体,这时推力和拉力都等于摩擦力,摩擦力只与地面的压力相关,压力等于物体的重力,这时推力和拉力大小一样。

二、看图用自己的话把课文里对推力和拉力的分析说一遍

词语注释

1. 究竟

   用在问句中,表示进一步追究,有加强语气的作用。
   (1) 你究竟能跳多高?
   (2) 你们班究竟有多少人?

2. 以……为……

   表示"把……当做……",前者是后者的标准或者前提。
   (1) 足球比赛以进球多为赢。
   (2) 这次考试以150分为满分。

3. 由

   表示来源或由来。
   (1) 人民代表由民主选举产生。
   (2) 由科学计算可知地球与月球之间的距离。

107

4. 也就是说

> 与"换言之"意思相同,但更口语化。
> (1) 推时阻力更大,也就是说推更费力。
> (2) 飞机失事时生还率很低,也就是说危险性更大。

5. 与……相关

> 书面语,表示"和(跟)……有关系"的意思。
> (1) 压强与面积相关。
> (2) 人的寿命与身高不相关。

词语练习

一、找出这一课含有"力"的名词

　　例:推力,拉力

二、用本课词语填空

1. 根据合力为零的_____,要车子前进,就得_____阻力。省力不省力,要看车轮受到的阻力有多大。在地面条件相同的情况下,车轮对地面的压力越大,阻力就越大,阻力大就_____。_____,压力小,阻力就小,也就_____。

2. 他_____奶奶_____原型写了本小说。

3. 到现在人们也不知道山洞里的壁画_____是什么人画的。

4. _____着湖走就能看到学校的食堂。

5. 知识的多少_____年龄并不_____。

6. 青蛙是_____蝌蚪变来的。

三、找出下列词语的反义词,并用线连接起来

1. 加大　　　A. 拉
2. 推　　　　B. 减小
3. 省力　　　C. 分力
4. 合力　　　D. 竖直
5. 水平　　　E. 费劲

第十一课　推省力还是拉省力

快速阅读

阅读 ①

蓬莱仙境

在青岛和蓬莱,经常会出现一种奇怪现象:在海面远处水天相接的地方,突然会朦朦胧胧地出现一座陌生的城市,那里有高大的建筑、整齐的街道,还有来来往往的车辆。人们都很清楚,那里是大海,根本没有陆地。那城市是从哪儿来的呢?这种自然现象自古就有,古人解释不了原因,认为是神仙(shénxiān/supernatural being)建造的,又由于经常出现在蓬莱,就把它称为"蓬莱仙境",也有人把它叫做"海市蜃楼"。

随着科学的发展,我们现在都知道这是光在通过密度不同的物质时发生的折射现象。比如把一支筷子插入盛有水的玻璃杯中,你从外面看,筷子好像折成为两截。这就是因为光通过空气和水这两种密度不同的物质时发生了折射。

在海洋和沙漠(shāmò/desert)的特定环境下,上层空气和下层空气的密度由于温度的差异而变化明显,当光在密度不同的空气中前进时,也会不断地发生折射现象。这样,光就不走直线了,而是不断拐弯,形成一条抛物线,把远方低于海平面的物体影像反射到半空中。人们往直线方向的远处望去,就看到在海面上出现一座城市了。

(据《探索形状的奥秘1》)

生词语

1. 朦朦胧胧	(形)	méngménglónglóng		obscure; not clear
2. 海市蜃楼	(名)	hǎishìshènlóu		mirage, *an optical refraction phenomenon*
3. 密度	(名)	mìdù		density
4. 折射	(动)	zhéshè		to refract
5. 截	(动)	jié		to cut
6. 特定	(形)	tèdìng		special

6. 拐弯	(动)	guǎiwān	to turn
7. 抛物线	(名)	pāowùxiàn	parabola

1. 青岛　　　　　Qīngdǎo　　　　Qingdao, *a coastal city in Shandong Province*
2. 蓬莱　　　　　Pénglái　　　　Penglai, *a coastal city in Shandong Province*

一、回答问题

1. "蓬莱仙境"跟什么一样指同一种自然现象？
2. "蓬莱仙境"形成的物理原因是什么？
3. 为什么"蓬莱仙境"会经常出现在海洋和沙漠的特定环境下？

二、把下列词语按一定顺序组成一句话

1. 会　和　奇怪　出现　蓬莱　经常　现象　在　青岛　一种

2. 发生　是　通过　现象　不同　这　密度　的　光　在　折射　的　时　物质

3. 密度　空气　而　明显　和　下层　的　温度　差异　空气　上层　的　由于　变化

三、请用简单的物理示意图表示"蓬莱仙境"的成因

词语练习

请写出反义词

经常——　　　　　远处——　　　　　奇怪——

陆地——　　　　　朦朦胧胧——　　　陌生——

特定——　　　　　差异——

阅读 ②

赤足行走好处多

　　保健医生和专家认为,都市(dūshì/metropolis)人要保持健康的身体,应该与大地母亲常有肌肤之亲。因此,不管是大人还是小孩,最好每天赤足(chìzú/be barefooted)在草坪或沙滩(shātān/beach)上行走半小时,散步、慢跑、快跑都行,这是最随意的一个保健方法,可刺激足底穴位,健身强体,而且赤足接触地面,可把人体积存的无用静电传导给大地。

　　人的身体是一个传导体,它能够吸收静电,尤其在气候干燥的地方,人体所积存的静电,可高达几百到几千伏特。在这种情况下,当人体接触到金属器材时就会有触电的感觉。

　　在科学技术发达的时代,人们的穿着大多含有化纤成分,再加上脚上的胶(jiāo/rubber)底鞋,整个人就好像被包裹得像一个绝缘体,人体所积存的静电,无法传导给大地。这样静电越积越多,如果没有地方"放电",它就会在人体内作怪,影响内分泌的平衡,干扰情绪,造成失眠、烦躁等。

　　我们平时总会有这样的感觉,当我们赤足走在沙滩上或者躺在草地上,伸展开四肢,总会觉得特别舒服和清爽,这就是因为我们把体内无用的静电传导给大地的电磁场的缘故。为了你的身体健康,请多赤足走路。

(据《生活中的生物学》)

1. 保健	(名)	bǎojiàn	health care
2. 穴位	(名)	xuéwèi	acupuncture point
3. 传导体	(名)	chuándǎotǐ	transmitter; conductor
4. 伏特	(量)	fútè	volt, unit of voltage, named for Alessandro Giuseppe Antonio Anastasio Volta,

				1745-1827, Italian physics, the inventor of battery
5. 触电	（动）	chù diàn		to get an electric shock
6. 化纤	（名）	huàxiān		chemical fiber
7. 绝缘体	（名）	juéyuántǐ		insulator; nonconductor
8. 内分泌	（名）	nèifēnmì		internal secretion; incretion
9. 失眠	（动）	shīmián		to suffer from insomnia
10. 电磁场	（名）	diàncíchǎng		electromagnetic field

阅读理解

一、根据课文填空

1. 人的身体是一个传导体，它能够_____静电。_____在气候干燥的地方，人体所_____的静电，可高达几百到几千伏特。_____这种情况_____，当人体接触到金属器材时就会有触电的感觉。

2. 当我们_____走在沙滩上，或者躺在草地上，_____开四肢，总会觉得特别舒服和_____。

二、根据课文选择正确答案

1. 保健医生和专家建议哪些人最好每天赤足行走半小时？
   A. 大人　　B. 小孩　　C. 母亲　　D. 大人和小孩

2. "整个人就好像被包裹得像一个绝缘体"是什么意思？
   A. 人是绝缘体　　　　　　　　　　B. 包裹人的东西是绝缘体
   C. 人被绝缘的东西包裹，不能向外传导体内的电　　D. 以上都不对

4. "作怪"的意思是：
   A. 做不正常、不好的事情　　B. 奇怪　　C. 好像奇怪的人　　D. 鬼怪

5. "四肢"是指：
   A. 四个手指　　B. 手和脚　　C. 身体　　D. 一种衣服

6. 跟"缘故"意思相近的词是：
   A. 原来　　B. 原因　　C. 所以　　D. 故事

阅读 3

长裤做的救生圈

充气救生圈(jiùshēngquān/life ring)之所以能浮在水面上,是因为制造材料具有不透气性,空气不会从缝隙溜走。有没有想过透气的衣料也可以做救生圈呢?

衣服的布料都是透气的,但弄湿后在水的表面张力的作用下,布料表面形成一层不透气的水膜,使得布料暂时具有了不透气的特性。遇到有人溺水等危急的情况,可用长裤做一个临时救生圈。在两个裤管口各打一个结,再把整条裤弄湿,然后马上把长裤倒转,张开裤的腰围部分,迅速从空中向水面罩(zhào/cover)下,令裤管充满空气,随即在水中把腰围部分束紧,两个裤管便被空气鼓胀,成为救生圈了。

不过这只是作为临时性用途,要真正安全的话,还是得使用正规的救生圈。

(据《生活中的物理2》)

生词语

1.	浮	(动)	fú	to float
2.	缝隙	(名)	fèngxì	aperture
3.	张力	(名)	zhānglì	tensility
4.	水膜	(名)	shuǐmó	water film
5.	暂时	(副)	zànshí	temporarily
6.	溺水	(动)	nìshuǐ	to drown
7.	束	(动)	shù	to bundle; to sheaf

阅读理解

一、根据课文填空

1. 充气救生圈的_____是其能浮在水面上的原因。

2. 衣服的布料湿了以后表面_____，在_____的作用下，可以临时用做救生圈的材料。

3. 除了要把长裤弄湿以外，用长裤做救生圈还需要把_____和_____束好，不让空气溜走。

二、根据做救生圈的顺序给下面的句子编号

（　）把整条裤弄湿。

（　）迅速从空中向水面罩下，令裤管充满空气。

（　）在两个裤管口各打一个结。

（　）把长裤倒转，张开裤的腰围部分。

（　）在水中把腰围部分束紧。

词语练习

一、请在课文中找出下列词语的反义词

沉——　　　　　干——　　　　　永久——

安全——　　　收缩——　　　打开——

缓慢——

二、在课文中找出下列词语的近义词

暂时——　　　随即——　　　令——

阅读新知

科技常识——力的分类

力的分类有多种,下表为按性质和效果进行的简单分类。

按性质	重力	zhònglì	gravity
	弹力	tánlì	elastic force
	磁力	cílì	magnetic force
按效果	拉力	lālì	pulling force
	压力	yālì	pressure
	张力	zhānglì	tension
	阻力	zǔlì	resistance
	向心力	xiàngxīnlì	centripetal force

第十二课 互联网世界的电子地图——搜索引擎

课文

说到搜索引擎(sōusuǒ yǐnqíng/search engine),我们把它比喻为互联网世界的电子地图。在日常生活中,你一定用过地图。使用时,只要知道或依据目的地及其周围的特征、参照物,即关键信息,再借助地图,就能找到想要到达的地方。与使用地图相似,搜索引擎依据所给的关键信息,为我们在广阔的互联网世界中迅速而简便地找到所需资料信息的所在地。它是为上网者特别设计的,是互联网上最常用、最实用、最简便的应用工具之一。搜索引擎的工作原理跟图书馆的检索系统相类  似,但采用了多种计算机技术和人工智能技术,使信息分类、信息关联、关键信息建立和信息更新等搜索功能自动化。

使用搜索引擎时,最简单、直接、快速的方法是登陆到像雅虎(www.yahoo.com)、Google(www.google.com)和百度(www.baidu.com)等专门从事信息搜索的网站上去,按照自己的需求,在这些网站相应的提示栏(tíshìlán/hint column)中,以中文、英文或其他语言方式,输入关键字、词组、句或相关组合等,搜索引擎迅速对相关内容定位,并显示出所有相关信息以后,只要点击感兴趣的链接,就能轻松找到所需的资料信息。

当然,不同的搜索引擎,其页面风格(fēnggé/style)、人机界面和应用方法都不完全相同,对于相同的关键信息搜索结果也可能不尽相同。使用哪个搜索引擎则取决于网站的功能特点及个人偏好(piānhào/preference)。

(据《原来如此——沟通世界的通信》)

1. 比喻	(动)	bǐyù	to compare
2. 参照物	(名)	cānzhàowù	matter of reference
3. 依据	(介)	yījù	according to
4. 检索	(动)	jiǎnsuǒ	to search
5. 采用	(动)	cǎiyòng	to use; to adopt
6. 关联	(名)	guānlián	relationship
7. 更新	(动)	gēngxīn	to update
8. 登陆	(动)	dēng lù	to land; to disembark
9. 输入	(动)	shūrù	to import; to imput
10. 组合	(动)	zǔhé	to combine
11. 链接	(动)	liànjiē	to link
12. 人机界面	(名)	rén-jījièmiàn	interface between person and machine

1. 雅虎　　　　Yǎhǔ　　　　Yahoo, *an internet search engine*
2. 百度　　　　Bǎidù　　　　Baidu, *an internet search engine*

一、根据课文内容选择正确答案(答案可能不止一个)

1. 关于搜索引擎,正确的说法是:

　　A. 它被称为互联网世界的电子地图

　　B. 它能帮助我们在真实世界中找到需要的资料信息

　　C. 它是为迷路的人特别设计的

　　D. 它采用了多种计算机技术和人工智能技术

2. 文章提到使用搜索引擎时,专门从事信息搜索的网站有:

　　A. Google　　　　B. 雅虎　　　　　C. 百度　　　　　D. 新浪

3. 登陆专门从事信息搜索的网站后,要想找到所需的资料信息,需要:

　　A. 找到网站相应的提示栏

　　B. 显示出所有相关信息

　　C. 输入关键字、词组、句或相关组合

　　D. 点击感兴趣的链接

4. 使用不同的搜索引擎,对于相同的关键信息搜索结果:

　　A. 完全不同　　　B. 完全相同　　　C. 不完全相同　　D. 不完全不同

5. 我们使用哪个搜索引擎,是根据:

　　A. 网站的功能特点　　B. 网站的界面

　　C. 网站的页面风格　　D. 网站的应用方法　　E. 个人偏好

二、根据课文填空

1. 在日常生活中,你一定用过地图。使用时,_____知道或依据目的地及其周围的特征、参照物,即关键信息,_____借助地图,_____能找到想要到达的地方。

2. 与使用地图_____,搜索引擎依据所给的关键信息,为我们在广阔的互联网世界中迅速_____简便地找到所需资料信息的所在地。

3. 使用搜索引擎时,最简单、直接、快速的方法是_____到专门从事信息搜索的_____上去,_____自己的需求,在这些网站相应的提示栏中,_____中文、英文或其他语言方式,_____关键字、词组、句或相关组合等,搜索引擎迅速对相关内容_____,并显示出所有相关信息以后,只要_____感兴趣的链接,就能轻松找到所需的资料信息。

词语注释

1. 说到

> 用于引进话题,意思是"提起"、"谈到",比较口语化。
> (1) 说到化学,我们得从元素周期表谈起。
> (2) 说到当今科技的迅猛发展,不能不提计算机在各个领域中的应用。

2. 借助

依靠别人或事物的帮助。
(1) 这种气球借助风力可以飞行很远。
(2) 借助电子显微镜可以看清很小的物质构造。

3. 而

连词,连接两个意思相承、性质相近的词语。
(1) 这里的道路宽广而笔直。
(2) 做科学研究要细心而坚持不懈。
也可连接对立的两项,起转折作用,有"但是、却"的意思。
(3) 他说出了我想说而未说的话。
(4) 他们每天的生活繁忙而快乐。

词语比较

1. 依据、根据、按照

依据	表示依从某种规定、方式或标准。"依据"的一般是国家的法规等大的方面。
根据	表示以某种事物作为前提。
按照	表示遵从某种规定、条件或标准。

例:(1) 依据当地的风俗习惯,除夕晚上都要守岁。
　　(2) 根据学生要求,这个周末系里将组织郊游。
　　(3) 你们要一步一步按照规定程序做实验。

2. 采用、使用、应用

采用	是指认为合适而加以利用。多指在有多种选择情况下选取最适合的。
使用	是最一般的通常的用。
应用	多为新的原来未曾有过的使用,如新的研究成果等在生活的应用。

例:(1) 来稿一经采用,即付稿费。
　　(2) 学语言首先得学会使用词典。
　　(3) 新技术的应用大大提高了生产效率。

一、用适当词语填空

按照　依据　根据

1. 这些数字为制订明年的生产计划提供了科学(　　)。
2. 我想(　　)这条蓝裙子的样子再做一条花的。
3. (　　)客观规律制定方针政策。
4. 我们的教学进度要(　　)教学计划进行。
5. 警察也得(　　)法律执行公务。

使用　应用　采用

6. 我们若(　　)他的意见,老林就会反对。
7. 这些钱要好好(　　),不能随便乱花。
8. 周老师的方法太复杂,我们不能(　　)。
9. 化学在实际生活中有许多(　　)。

二、在课文中找出下列词语的近义词

目的地——　　　　类似——　　　　特征——
快速——　　　　　并且——　　　　提起——
依靠——

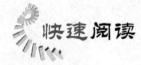

数字化医院

过不了几年,人们看病需要异地转诊时,也许再也不用为病历来回奔波了,"电子病历"将实现病人信息的异地共享。病历电子化以后,医生可以随时随地获得病人的信息,不仅在病房,还可以在家里,甚至在医院外的任何地方,通过网络了解病人信息。

其实,电子病历只是我国医院进行数字化建设的一个方面。数字化医院把最先进

120

的IT技术充分应用于医疗保健行业,它将把整个社会的医疗保健资源和各种医疗保健服务汇集起来,通过宽带网络,把全部的诊断、手术等临床作业过程都纳入到数字化网络中,实现临床作业的无纸化。

有了真正的数字化医院以后,只要患者有社会保险号或医疗保险号,医生就可以很快获知他所有的医疗保健信息,如病史、做过的检查等。

专家认为,数字化医院的建立,将会使中国目前"以收费(shōu fèi/charge)为中心"的医院信息系统,走向"以病人为中心"的临床信息系统,医院服务也会大大改善。

(据《科学与未来——虚拟与数字》)

生词语

1. 数字化	(动)	shùzìhuà	to digitize
2. 异地	(名)	yìdì	different place
3. 转诊	(动)	zhuǎnzhěn	to change clinic
4. 奔波	(动)	bēnbō	to rush about
5. 共享	(动)	gòngxiǎng	to share together
6. 医疗保健	(名)	yīliáo bǎojiàn	medical health care or protection
7. 诊断	(动)	zhěnduàn	to diagnose
8. 临床作业	(名)	línchuáng zuòyè	clinical task or work

阅读理解

一、判断正误

1.(　) 数字化医院建立后,人们看病需要异地转诊时,可以通过电子病历将病人的信息传送到其他地方。

2.(　) 病历电子化以后,医生在任何时候任何地方都可以通过网络了解病人信息。

3.(　) 我国医院进行数字化建设的任务是实现病历电子化。

4.（　　）通过患者的电子病历,医生可以很快就知道病人的医疗信息。

5.（　　）目前中国医院的信息系统主要"以病人为中心"。

6.（　　）数字化医院建立以后,医院服务才能改善。

二、回答问题

1. 举例说明我们生活中已经实现数字化的一些事情。
2. 说说信息数字化的优缺点。

猜测词义

异：异地	异样	异议	异国	异常
历：病历	简历	学历	历代	历来
号：保险号	学号	门牌号	年号	
化：电子化	无纸化	美化	绿化	
系统：信息系统	教育系统	灌溉系统	财贸系统	

阅读 ②

黑客盗用我们的手机

最近,IBM 公司的研究人员发现:通过一种名为分区攻击的黑客技术,黑客可以在几分钟内克隆一些手机的 SIM 卡。他们可以使用这种克隆的 SIM 卡打电话,并把通话费用记在受害人的账户上。

所谓分区攻击技术,是通过分析手机 SIM 卡中的电源波动,来推测存储在里面的安全编码(biānmǎ/code)。不过,这种黑客技术只对第一代 GSM 手机有效,并需要一两分钟才能复制 SIM 卡。

在一次国际专题(zhuāntí/special topic)研讨会上,IBM 的研究人员用一台电脑、一个 SIM 卡阅读器和一个软件程序进行了现场演示。软件程序向 SIM 卡提出七个特别"问题"。在回答这些问题时,SIM 卡的电磁场会发生变化,电源也会出现波动。通过分析这些情况,就能得知 SIM 卡的密码等特性。

基本上通过七个问题就能克隆卡了,不过还需要猜测密码,猜四位数的密码比较

第十二课 互联网世界的电子地图——搜索引擎

简单,黑客通过软件,用一万个组合来获取 SIM 卡的密码。

在全世界范围内,SIM 卡的使用相当普通,约占整个手机的百分之七十。如果黑客真的掌握了这项技术,很多人都会蒙受莫名其妙(mòmíngqímiào/without rhyme or reason)的损失。因此 IBM 公司的研究人员加紧了研究步伐。不过,对于手机用户来说,最简单的防护措施(cuòshī/measure; method)就是不随便把手机借给陌生人。

(据《科学与未来——虚拟与数字》)

生词语

1. 黑客	(名)	hēikè	hacker
2. 盗用	(动)	dàoyòng	to peculate; to embezzle
3. 克隆	(动)	kèlóng	to clone
4. 攻击	(动)	gōngjī	to attack; to assault
5. 波动	(动)	bōdòng	to wave; to fluctuate
6. 密码	(名)	mìmǎ	password; cipher
7. 复制	(动)	fùzhì	to copy
8. 演示	(动)	yǎnshì	to demonstrate
9. 损失	(名)	sǔnshī	loss; expense

阅读理解

一、根据课文填空

1. 黑客通过_____技术在很短的时间内就能盗用手机。

2. IBM 研究人员把盗用手机的过程分成三个程序:第一,_____;然后,_____;最后,_____。他们认为黑客只要_____、_____和_____作为工具就能克隆一张 SIM 卡。

3. 手机用户防止被盗打的最简单的办法是_____。

二、根据黑客盗取密码的顺序给下列内容编号

(　　)电源出现波动。

(　　)克隆 SIM 卡。

(　　)SIM 卡的电磁场发生变化。

(　　)软件程序向 SIM 卡提问题。

(　　)获知 SIM 卡的密码特性。

(　　)通过数字组合猜测密码。

词语搭配

1. 猜测　　　　A. 损失
2. 蒙受　　　　B. 步伐
3. 加紧　　　　C. 演示
4. 掌握　　　　D. 密码
5. 进行　　　　E. 技术

学说"数字话"

　　在信息时代的今天,"数字化生存"浪潮(làngcháo/wave)正改变着世界。也许你已经注意到都市新人类开始推崇"数字话"。

　　在这些人里面,总会冒出一些莫名其妙的数字:886、121、141、007……这种被称为"新新人类"的时髦用语,始于美国青少年之间的一种联络方式,后来很快地在中国风行起来。

　　要揭开数字密码也不是什么难事,因为它们都有章可循,而且非常有意思:

007:有一个人的秘密要告诉你(源于电影 007)。

121:要跟你单独谈话(one to one:一对一)。

100:你太完美了(满分)。

13579:这件事太奇怪(都是奇数)。

……

　　现在,"数字话"已从上网聊天、互发短信的"人机对话",逐渐升级为"人际对话"了。比如在写字楼里,午餐时间到了,白领们就开始电话订餐:"国贸 C 座 1608,一份

第十二课 互联网世界的电子地图——搜索引擎

7+2,一份8+1。"所谓7+2,是指菜单上的第7号餐,外加一个煎蛋;而8+1,则表示第8号餐,再加一个汤。简明的数字代码代替了啰唆的西红柿炒牛肉、红烧茄子之类的菜名。

如果说"读图时代"是以"卡通画"改变了文字语言的视觉效果,那么,"数字化生存时代"则以"数字话"的形式来代替文字的表达方式。

(据《科学与未来——虚拟与数字》)

生词语

1. 推崇	(动)	tuīchóng	to admire; to canonize
2. 时髦	(形)	shímáo	fashionable; stylish
3. 有章可循	(成)	yǒuzhāngkěxún	to have rules to follow
4. 奇数	(名)	jīshù	odd number
5. 短信	(名)	duǎnxìn	short message
6. 升级	(动)	shēngjí	to upgrade
7. 白领	(名)	báilǐng	white-collar
8. 卡通	(名)	kǎtōng	cartoon
9. 视觉	(名)	shìjué	the sense of vision

阅读理解

一、根据课文选择正确答案

1. "新新人类"的意思是:
   A. 刚来的人　　B. 时髦的人　　C. 地球以外的人　　D. 年轻人

2. "人际对话"是指:
   A. 人和人说话　B. 人和计算机说话　C. 人和机器说话　D. 不同国家的人说话

3. 跟"写字楼"意思接近的词是：

   A. 教室　　　　　B. 房间　　　　　C. 办公室　　　　　D. 楼房

4. 跟"简明"意思相反的词是：

   A. 简单　　　　　B. 明白　　　　　C. 啰唆　　　　　D. A 和 B

二、回答问题

1. 请你解释一下："国贸 C 座 1608，一份 7+2，一份 8+1。"
2. 用汉语读这些数字"886"、"520"、"1314"，想想是什么意思。

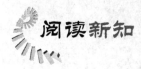

表达方式——举例的表达方式

文章中常用举例子的方法，这样可以使读者更容易理解。在下定义或亮出观点以后可以加适当的具体例子加以佐证和说明。举例子前的常见用语有："如"、"比如"、"例如"、"诸如"、"像"等；在例子后的常见用语有："等等"、"诸如此类"、"不一一列举"；还可用"以……为例"、"像……那样"等引出所举例子。

第十三课 人类的理想膳食

课文

人类理想的膳食(shànshí/meal)应包括比例适当的碳水化合物、脂肪、维生素、纤维、蛋白质、水和矿物质。其中脂肪、蛋白质和碳水化合物尤其重要。

碳水化合物

主要作为能量的来源,也是呼吸作用的基础物质,氧化释放能量用于激活转运、合成大分子、细胞分裂和肌肉收缩。

它以淀粉(diànfěn/starch)的形式存在于大米、土豆、小麦和其他谷物中,或以糖的形式存在。

碳水化合物在口腔和小肠中消化,以葡萄糖(pútáotáng/glucose; dextrose)的形式吸收。

脂肪

是能量来源之一,在细胞膜(xìbāomó/cell membrane)中具有重要作用,也是一些激素的成分。

它通常来源于肉类,含有丰富的饱和脂肪酸和胆固醇(dǎngùchún/cholesterol),来自植物的如太阳花和大豆的,则含丰富的不饱和脂肪。

脂肪在小肠内消化。

蛋白质

是机体生长和组织修复的基本原材料,可做酶、做运输系统(血红蛋白)、做激素和抗体等。

蛋白质能从肉类、鱼类、蛋和豆类中摄取，这些食物含有 8 种必要的氨基酸，蛋白质在胃内消化并以氨基酸的形式被吸收。

蛋白质不足可引起生长缓慢，甚至消瘦和营养不良。

足够的食物提供充足的能量；均衡的饮食具有足量的营养及恰当的构成。理想的构成约是 $\frac{1}{7}$ 的脂肪，$\frac{1}{7}$ 的蛋白质和 $\frac{5}{7}$ 的碳水化合物。

在营养不良的情况下，首先考虑提供足够的饮食，而为了预防营养失调，则需要均衡的饮食。

（据《牛津图解中学生物》）

生词语

1. 碳水化合物	（名）	tànshuǐ huàhéwù	carbohydrate
2. 纤维	（名）	xiānwéi	fibre
3. 激活	（动）	jīhuó	to activate
4. 激素	（名）	jīsù	hormone
5. 酶	（名）	méi	enzyme
6. 机体	（名）	jītǐ	organ
7. 修复	（动）	xiūfù	to repair; to renovate
8. 均衡	（形）	jūnhéng	balanced; even
9. 失调	（动）	shītiáo	to lose balance/proportion

阅读理解

一、判断正误

1.（ ）脂肪既可来源于肉类，也可以来自植物，如太阳花和大豆。

2.（ ）碳水化合物只在小肠中消化，并以葡萄糖的形式吸收。

3.（ ）理想的饮食构成约是 $\frac{1}{7}$ 的脂肪，$\frac{1}{7}$ 的蛋白质和 $\frac{5}{7}$ 的碳水化合物。

4.（ ）如果一个小孩生长缓慢，甚至日渐瘦弱，那么这可能是由于碳水化合物的摄取不足。

二、填表

	主要作用	被消化的地方	被吸收的形式
碳水化合物		口腔和小肠	
脂肪			脂肪酸和甘油
蛋白质	作酶、运输系统、激素和抗体等		

三、根据课文填空

1. _____不足可引起生长缓慢,甚至_____和_____。
2. _____的食物提供充足的能量;_____的饮食具有足量的营养及恰当的构成。_____的构成约是 $\frac{1}{7}$ 的脂肪,$\frac{1}{7}$ 的蛋白质和 $\frac{5}{7}$ 的碳水化合物。
3. _____营养不良的情况_____,_____考虑提供足够的饮食,而_____预防营养失调,需要均衡的饮食。

词语注释

以

介词用法如下:
表示凭借,"用"的意思。
(1) 他以顽强的毅力克服了重重困难。
表示方式:按照,根据。
(2) 以高标准严格要求自己。
表示原因。
(3) 我们以祖国有这么美丽的景色而自豪。

词语比较

1. "基础"与"基本"

"基础"是事物发展的根本或起点。"基本"指根本的,主要的。
(1) 学好汉语拼音是学好汉语的基础。

(2) 现在要学得扎实一点,为将来搞研究打下一个坚实的基础。
(3) 改革开放是中国的基本国策。
(4) 为人民服务是我们的基本原则。

2. "分裂"与"分解"

在科技汉语中,"分裂"指一个整体分成两个或两个以上的部分,本身并不产生变化。"分解"指一种化合物由于化学反应而分化成两种或多种较简单的化合物或单质。
(1) 细胞核分裂能产生巨大的能量。
(2) 氯酸钾加热分化成氯化钾和氧。

3. "均衡"与"平衡"

"均衡"指多方面在质量或程度上的均匀、均等;"平衡"指一个整体的相对的两部分在质量或程度上均等或大致均等。
(1) 一个国家的进步体现在政治、经济、教育和文化等方面的均衡发展。
(2) 均衡饮食就是要保证每天摄入各种含有不同营养的食物。
(3) 今年公司的收支平衡。
(4) 在动力和阻力达到平衡的时候,合力为零。

词语练习

一、解释句中"以"的意思

1. 我以老朋友的身份和你聊一聊。
2. 天气是不以人的意志为转移的。
3. 不以人废言。
4. 以亩产400斤计算,大概能收入1500元。

二、选词填空

基础　基本　分裂　分解　均衡　平衡

1. 来中国以前,我有一点儿汉语_____。
2. 人民最_____的生活用品必须保证供应。
3. 盖楼最重要的是打好_____。

4. 我们这个集体非常团结，从没_____过。

5. 水在一定条件下可_____成氢气和氧。

6. 我们不仅要吃得饱，还要注意营养的_____。

7. 生态_____的最明显标志就是系统中的物种数量和种群规模相对平稳。

三、造句

1. 以……的形式：

2. 在……的情况下：

快速阅读

阅读 ❶

选择育种和基因工程

选择育种和基因工程是用来繁殖培育更符合我们意愿的动物和植物的一种常用方法。

几百年来，农场主都在努力培育优质动植物来提高产量和质量。通过选择具有所需特征的双亲并使它们配对，那么获得具有所需特征的后代的机会就增加。比如，让一匹冠军种马(雄性)与一匹冠军母马(雌性)配对，所生的小马驹可能由于继承了其双亲均具有健康、肌肉强壮、奔跑速度快等特点而跑得更快。选择育种的成功率一般比较大，但是具有不可预测和发展缓慢等特点。

基因工程就是由基因工程师从动植物的 DNA 中区分出单个基因，然后将这个基因"切割"下来，并引入其他细胞中用于复制。它的潜在用处是：

1. 制造重要的医药产品，如胰岛素、人类生长激素等。
2. 遗传疾病的基因治疗，如囊性纤维化。
3. 培植抗寒抗病的植物，或能开更多花、结更大果的植物。
4. 培育能产更多奶和肉，并能抵抗一般疾病的动物。

(据《牛津图解中学科学》)

 生词语

1. 育种　　　　（动）　　yù zhǒng　　　　to breed
2. 基因工程　　（名）　　jīyīn gōngchéng　gene engineering
3. 配对　　　　（动）　　pèi duì　　　　　to match
4. 后代　　　　（名）　　hòudài　　　　　offspring
5. 继承　　　　（动）　　jìchéng　　　　　to succeed; to inherit
6. 均　　　　　（副）　　jūn　　　　　　　all

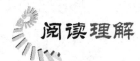 阅读理解

一、回答问题

1. 何为选择育种？
2. 什么是基因工程？
3. 基因工程的潜在用处有哪些？

二、根据课文判断正误

1. （　）让一匹冠军种马与一匹冠军母马配对，所生的小马驹一定具有健康、肌肉强壮、奔跑速度快等特点。
2. （　）几百年来，农场主一直在采用选择育种和基因工程的方法，努力培育优质动植物来提高产量和质量。
3. （　）基因工程的方法比选择育种更先进。
4. （　）选择育种和基因工程两者可以结合起来培育更优质的动植物。

词语练习

通过对每个汉字意思的理解解释下列词义

1. 培育：
2. 培植：
3. 成功率：

4. 双亲：

5. 不可预测：

6. 抗寒抗病：

阅读 2

饮食中的错配鸳鸯（一）

生活中，人们不喜欢"棒打鸳鸯"，而在日常饮食当中，人们却往往"错配鸳鸯"，这样对人体有害无益。

土豆烧牛肉：这两种食物由于所需的胃酸浓度不同，所以在胃中滞留的时间会延长，使胃肠消化和吸收的时间延长。

豆浆(dòujiāng/soya milk)冲鸡蛋：鸡蛋中的黏液蛋白能与豆浆中的胰蛋白酶结合，从而失去应有的营养价值。

小葱(cōng/onion; scallion)拌豆腐：豆腐中的钙与小葱中的草酸能结合生成白色的沉淀物草酸钙，阻碍人体对钙的吸收。

茶叶煮蛋：茶叶中除生物碱以外，还有酸性物质，这些物质能和鸡蛋中的铁元素结合，对胃有刺激作用，而且不利于消化吸收。

红白萝卜(luóbo/radish)混食：白萝卜中维生素C的含量极高，但红萝卜中却含有一种物质，可破坏白萝卜中的维生素C。不仅如此，红萝卜与其他含维生素C的蔬菜一起烹调时，维生素C都会受到破坏。只有单独或者和肉类一起煮时，才能充分获得红萝卜的营养。

萝卜水果同食：萝卜进入人体后，经代谢会产生一种抗甲状腺的物质——硫氰酸。此时，如果摄入含大量色素的水果，如橘子(júzi/tangerine)、梨、苹果或葡萄等，这些水果中的类黄酮物质在肠道中被细菌分解，分解物可加强硫氰酸对甲状腺的抑制作用，诱发甲状腺肿大。

(据《生活中的生物学》)

生词语

1.	胃酸	（名）	wèisuān	gastric acid
2.	滞留	（动）	zhìliú	to be held up; to be detained
3.	胰蛋白酶	（名）	yídànbáiméi	trypsin; *a kind of enzyme*
4.	沉淀物	（名）	chéndiànwù	deposit; sediment
5.	甲状腺	（名）	jiǎzhuàngxiàn	hypothyroid
6.	硫氰酸	（名）	liúqíngsuān	thiocyanic acid (HSCN), *a kind of chemical acid*
7.	色素	（名）	sèsù	pigment; coloring matter
8.	抑制	（动）	yìzhì	to restrain
9.	类黄酮	（名）	lèihuángtóng	flavonoid, *a kind of ketone*
10.	诱发	（动）	yòufā	to place a premium on; to cause

阅读理解

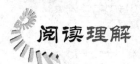

一、根据课文选择正确答案

1. "鸳鸯"是：
   A. 一种菜　　B. 一种鸟　　C. 一种植物　　D. 文中没告诉我们
2. 下面哪种菜没有"错配鸳鸯"？
   A. 茶叶煮蛋　　B. 红白萝卜混食　　C. 青椒炒牛肉　　D. 小葱拌豆腐
3. 下面哪一个不是"错配鸳鸯"的结果？
   A. 不利消化吸收　B. 失去应有的营养价值　C. 有害于身体　　D. 味道不香
4. 红白萝卜混食不大好的原因是：
   A. 损失营养　　B. 不利吸收　　C. 有害身体　　D. 引起疾病

二、说出下面几种菜配错的害处

1. 萝卜水果同食：
2. 豆浆冲鸡蛋：
3. 土豆烧牛肉：

三、你以前有没有吃过文中说到的这些菜？如果吃过,现在读了这篇短文,你今后会改变这种不好的饮食习惯吗？

猜词义

留：滞留　保留　残留　提留　停留
物：废物　矿物　刊物　文物　分解物
酸：硫酸　碳酸　盐酸　磷酸

阅读 ③

饮食中的错配鸳鸯（二）

吃肉饮茶：茶叶中的大量鞣酸与蛋白质结合,生成鞣酸蛋白质,使肠蠕动减慢,延长粪便在肠道内的停留时间,既容易形成便秘,又增加了有毒物质或致癌物质被人体吸收的可能性。

牛奶橘子同食：牛奶进入胃后,牛奶中的蛋白质即与胃液中的胃蛋白酶和胰蛋白酶结合,然后进入小肠进行消化和吸收。如果此时吃橘子或橘子汁,牛奶中的蛋白质就会与橘子汁中的果酸、维生素 C 发生反应,凝结成块,影响人体消化吸收,还可能引起腹痛、腹泻等症状。

喝浓茶醒酒：酒精对心血管有很大的刺激,浓茶同样具有兴奋心脏的作用。喝浓茶解酒,就像火上加油,对心脏的刺激更大。同时,醉酒后饮浓茶对肾脏(shènzàng/kidney)也有害,因此绝大部分的酒精在肝脏(gānzàng/liver)内转化为乙醛,乙醛变成乙酸,然后分解成二氧化碳和水,再随血液进入肾脏,由肾脏排出体外。酒后饮浓茶,茶叶中的茶碱可迅速使心脏发挥利尿作用,使还没分解的乙醛过早进入肾脏,而乙醛对肾脏也有很大的刺激作用,会对肾脏功能造成不同程度的损害。

食物之间的生物化学反应有时会使一些营养成分遭到破坏,阻碍了人体对它们的吸收,因此用膳时要注意饮食之间的搭配,以免有用成分无故浪费,甚至对人体造成不应有的伤害。

(据《生活中的生物学》)

生词语

1. 蠕动	（动）	rúdòng	to creep; to wriggle
2. 粪便	（名）	fènbiàn	dejection, dejecta
3. 便秘	（名）	biànmì	constipation
4. 腹泻	（名）	fùxiè	diarrhea
5. 酒精	（名）	jiǔjīng	alcohol
6. 乙醛	（名）	yǐquán	aldehyde; acetaldehyde
7. 利尿	（名）	lìniào	diuresis
8. 搭配	（动）	dāpèi	to arrange in pairs; to match

阅读理解

一、回答问题

为什么我们要注意饮食之间的搭配，不能错配鸳鸯？

二、根据课文判断正误

1. （　）吃肉饮茶会影响人体消化吸收，还可能引起腹痛、腹泻等症状。
2. （　）喝浓茶醒酒会极大地刺激心脏，也会对肾脏功能造成不同程度的损害。
3. （　）牛奶橘子同食会使肠蠕动减慢，延长粪便在肠道内的停留时间，既容易形成便秘，又增加了有毒物质或致癌物质被人体吸收的可能性。
4. （　）"火上加油"在课文中比喻火烧得很旺。

三、连线题

菜	害处
1. 牛奶橘子同食	A. 失去应有的营养价值
2. 吃肉饮茶	B. 损害肾脏功能
3. 喝浓茶醒酒	C. 形成便秘，可能致癌
4. 萝卜水果同食	D. 刺激胃，不利于消化吸收
5. 红白萝卜混食	E. 引起腹痛、腹泻等
6. 小葱拌豆腐	F. 诱发甲状腺肿大
7. 土豆烧牛肉	G. 延长胃肠消化和吸收的时间

词语练习

用画线的字组词

心脏——（　　　　　）、（　　　　　）

转化——（　　　　　）、（　　　　　）

有毒物质——（　　　　　）、（　　　　　）

阅读新知

表达方式——因果推论的表达方式

表达因果可以不用连词，如：

(1) 钠位于元素周期表的最左列，金属性相当强。

(2) 滑雪板分散了人本身的重力，人不容易陷到雪里去。

为了使表达清晰，文章多用连词来表达因果关系，最常用的是："因为……所以……"，书面化的一些因果关系连词有"因……而……"、"由于……因此……"、"之所以……是因为"、"因此"、"因而"、"从而"等。"既然……就……"也可以表示因果关系，但是相对使用较少。

第十四课　金属与生命

课文

在19世纪初叶,科学界流传着这样一句话,说"人血是铁水"。这话的确不假。人血之所以呈红色,是因为里面含有铁。铁使血红蛋白的新陈代谢作用非常活跃,人体内没有足够的铁就会患贫血症,所以人体内就专门设有一个储藏铁的"仓库(cāngkù/storehouse)",这是一种特殊的蛋白质,叫"铁蛋白",铁占其分子重量的30%,不断补充人体内各个器官的需要。

除铁之外,人体内还有许多金属,现在人们发现生物体内的化学元素有六十几种,只是有的含量多些,有的含量极少。根据含量的多少,有人把生物机体中含有的元素分为三类:第一类元素含量较多,叫宏量元素。其中最多的是碳、氢、氧、氮,这四种就占人体重量的96%。此外,还有钠、钾、钙、磷、镁、硫、铁、氯,它们在人体中的含量都在万分之几以上。第二类元素,含量在十万分之几到千万分之几,如:锰、铜、锌、碘、硼等,这些叫做微量元素。第三类元素含量极少,在15亿万分之一以下,如氩、锭、镭、铀等,这些叫超微量元素。这些元素90%都属于金属元素。

生物机体中的各种元素,虽然绝大多数含量极少,但是它们在生物的生命活动中都有着一定的作用,缺少了任何一种元素,都会引起不良的反应。为什么这些含量极少的元素,对生物会有这么重要的作用呢?对于许多微量元素和超微量元素在生命活动过程中的作用,我们现在了解得还不大具体。

从已知的一些元素的情况来看，它们同促进生物机体的生物化学反应的催化剂——酶，有着密切的关系。缺少这些元素，必然会影响到酶的"催化剂"作用，使生物机能减弱或失调，以致发生疾病。另外，微量元素又是激素的组成部分，能促进或抑制机体的各种生理活动。不过，既然是微量元素，量的多少必须适当，少了固然不行，但是如果多了不仅是浪费，甚至会引起中毒。

(据《科技汉语》(汉维版))

生词语

1.	呈	（动）	chéng	to appear; to assume
2.	患	（动）	huàn	to suffer from(illness)
3.	补充	（动）	bǔchōng	to supply, to replenish
4.	磷	（名）	lín	phosphorus
5.	宏量元素	（名）	hóngliàng yuánsù	macroelement
6.	硼	（名）	péng	boron
7.	超微量元素	（名）	chāowēiliàng yuánsù	super microelement
8.	密切	（形）	mìqiè	close
9.	生理	（名）	shēnglǐ	physiology
10.	固然	（连）	gùrán	of course; no doubt

阅读理解

一、连线题

种类名称	另一个名称	所含元素
第一类元素	超微量元素	锰、铜、锌、碘、硼等
第二类元素	宏量元素	碳、氢、氧、氮、钾、钙、磷等
第三类元素	微量元素	氩、锭、镭、铀等

二、根据课文判断正误

1. （　）生物机体中的各种元素，含量越多的起的作用越大。含量极少的元素在生物的生命活动中有着非常小的作用，缺少它们中的一种元素，不会引起不良的反应。
2. （　）我们现在还不大了解许多微量元素和超微量元素在生命活动过程中的作用。

3.（　　）从已知的一些元素的情况来看，微量元素和超微量元素在生物机体的生物化学反应充当着催化剂作用。

4.（　　）贫血症是指一种血的病。

三、回答问题

1."铁占其分子重量的30％"中的"其"是指什么？

2.微量元素的作用有哪些？

3.铁属于哪一类元素？铁在人体中有什么作用？

词语注释

1. 只是

> 起轻微转折的作用，用在后一分句的开头，引出修正上文的补充意思。
> (1) 李占春人老实、力气大，只是脾气不太好。
> (2) 他讲得眉飞色舞，只是我听不懂。

2. 就

> 表数量大、程度深，暗含对比的意思。
> (1) 这个厂采用新技术后，一天就能生产500台电视机。
> (2) 我费好大劲才弄懂的事情，他一下子就掌握了要领。

3. 任何

> 不论什么，表示任指。做定语，不带"的"，修饰名词或名词化的动词。
> (1) 只要有决心，就能战胜任何困难。
> (2) 班里的任何人、任何事他都关心。

词语比较

> "以致"与"导致"
>
> 　　"以致"是连词，连接表示因果的分句，用在下半句话的开头，表示下文是上述原因所形成的结果（多指不好的结果），常跟"因为"、"由于"配合使用。"导致"是动

词,后面可带助词"了",表引起、造成,宾语可为名词或小句。
(1) 因为他不注意饮食卫生,以致经常得病。
(2) 他这样快地完成了任务,以致大家都不敢相信。
(3) 一句玩笑话,导致了一场争论。
(4) 飞机的一处小故障往往就会导致上百人丧生。

一、用所给词完成句子
1. 这种项链真好看,_____。(只是)
2. 咱们两亩地才收获 1400 万,人家_____。(就)
3. 我跟他谈了半天,_____。(任何)
4. 由于一时不小心,_____。(以致)

二、本文中用了"之所以……是因为……"来表示原因,请你列举出其他的原因表达法。

三、用划线的字组词
1. 贫血症:( )( )
2. 宏量元素:( )( )
3. 固然:( )( )

阅读 ❶

金属的提取

大多数金属都太活泼,在地球上不能以元素的形式存在。只有少数不太活泼的金属,像金、银能在矿石中以纯金属存在,其他金属则同其他元素一起存在于地壳的岩石中。要得到这些金属必须从其化合物(矿石)中提取。

从矿石中提取一种金属的方法取决于它的化学性质。一般而言,金属越活泼,提取越困难,提取成本越昂贵。

以铁的提取为例,铁以赤铁矿的形式存在,主要是氧化铁(Fe_2O_3)。由于铁不是很活泼的金属,氧化铁可以通过与碳加热来加以还原。

在鼓风炉(gǔfēnglú/blast furnace)中,焦炭(碳 C)和石灰石(碳酸钙 $CaCO_3$)产生二氧化碳:

$$C + O_2 \rightarrow CO_2$$
$$CaCO_3 \rightarrow CaO + CO_2$$

二氧化碳与焦炭反应产生一氧化碳:

$$CO_2 + C \rightarrow 2CO$$

一氧化碳随后将氧化铁还原:

$$3CO + Fe_2O_3 \rightarrow 2Fe + 3CO_2$$

熔融的铁从炉的底部流出。

(据《牛津图解中学科学》)

生词语

1. 提取　　　　　（动）　　tíqǔ　　　　　to distill; to abstract
2. 矿石　　　　　（名）　　kuàngshí　　　ore
3. 纯　　　　　　（形）　　chún　　　　　pure
4. 化合物　　　　（名）　　huàhéwù　　　compound
5. 以…为例　　　　　　　　yǐ... wéilì　　　to take...as an example
6. 加以　　　　　（动）　　jiāyǐ　　　　　to give *(used before a disyllabic verb to indicate that the action is directed towards sth. or sb. mentioned above)*

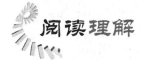

一、根据课文判断正误

1. （　）大多数金属是同其他元素一起存在于地壳的岩石中。
2. （　）金属越活泼,则越容易提取。
3. （　）大多数金属都不活泼。除了金银不能在矿石中以纯金属存在,其他金属都能以元素的形式存在。

二、根据课文选择正确答案（答案可能不止一个）

1. 下面哪些金属元素能以元素的形式存在？
   A. 铁　　　　B. 铜　　　　C. 银　　　　D. 金
2. 氧化铁通过与炭加热来还原铁,在鼓风炉中发生了几个化学反应？
   A. 一个　　　B. 二个　　　C. 三个　　　D. 四个

三、根据课文填空

从矿石中提取一种金属的方法_____它的化学性质。_____,金属越活泼,提取_____困难,提取成本_____昂贵。

以铁的提取_____,铁以赤铁矿的形式存在,主要是氧化铁。_____铁不是很活泼的金属,氧化铁可以通过与碳加热来_____还原。

四、试复述铁的提取方法

阅读 ❷

何谓"绿色食品"

绿色食品是遵循可持续发展原则,按照特定生产方式,经专门机构认定,许可使用绿色食品标志商标(shāngbiāo/trademark)的无污染的安全、优质、营养类食品。国际上通常都对与环境保护有关的事物冠以"绿色",定名为绿色食品,但这类食品并非都是绿颜色的。

国际上与中国绿色食品相类似的产品,有的称有机食品,有的称生态食品,还有的称自然食品。虽然名称不同,但宗旨是一致的,都是通过开发无污染的食品,保护资源与环境,实现可持续发展。

绿色食品分"AA 级绿色食品"和"A 级绿色食品"。AA 级绿色食品即有机食品，指在环境质量符合规定标准的生产地，生产过程中不使用任何有毒化学合成物质，按特定的操作规程加工，产品质量及包装经检测、检查符合特定标准，经专门机构认定的，许可使用 AA 级绿色食品标志的产品。A 级绿色食品指在生产中允许限量使用限定的化学合成产品，产品质量及包装经检测、检查符合特定标准，并经专门机构认定，许可使用 A 级绿色食品标志的产品。

绿色食品标志图形由三部分构成：包括上方的太阳、下方的叶片和中心的蓓蕾（bèilěi/bud），标志象征自然生成；颜色为绿色，象征着生命、农业、环保；图形为正圆形，意为保护。绿色食品标志文字中英文分别为"绿色食品"和"GreenFood"。AA 级绿色食品标志与文字均为绿色，底色为白色，A 级绿色食品则标志与文字为白色，底色为绿色。

绿色食品标志图形及文字互相组合成各种形式，注册在以食品为主的九大类食品上。

（据《身边的化学》）

生词语

1. 遵循	（动）	zūnxún	to follow
2. 原则	（名）	yuánzé	principle
3. 许可	（动）	xǔkě	to permit; to allow
4. 认定	（动）	rèndìng	to cognize; to confirm
5. 有机食品	（名）	yǒujī shípǐn	organic food
6. 限量	（动）	xiàn liàng	to set limit
7. 象征	（动）	xiàngzhēng	to symbolize
8. 注册	（动）	zhùcè	to enroll; to register

第十四课　金属与生命

阅读理解

一、判断正误

1. （　）绿色食品都是绿颜色的。
2. （　）"有机食品"、"生态食品"、"自然食品"和"绿色食品"名字不同,所以具体所指的内容可能不一样。
3. （　）AA级绿色食品标志与文字为白色,底色为绿色;A级绿色食品标志与文字为绿色,底色为白色。

二、根据课文选择正确答案

1. 绿色食品的标志图形由三部分构成,不包括下面的哪部分?
　A. 颜色　　　　B. 图案　　　　C. 文字　　　　D. 形状
2. "AA级绿色食品"和"A级绿色食品"比较,哪个标准更高?
　A. 不知道　　　B. 前者　　　　C. 后者　　　　D. 一样
3. 文中"一致"的意思最可能是:
　A. 同心,齐心　B. 共同,一起　C. 总共,合计　D. 没有不同,相同

三、根据课文给下面的名称画出标志图形

1. AA级绿色食品标志
2. A级绿色食品标志

词语练习

搭配词语

1. 遵循　　　　A. 使用
2. 持续　　　　B. 规定
3. 注册　　　　C. 资源
4. 限量　　　　D. 认定
5. 按照　　　　E. 原则
6. 保护　　　　F. 发展
7. 经　　　　　G. 商标

阅读 3

皮蛋上的"花雕"

皮蛋又叫松花蛋,是中国一种传统美食。剥开它的蛋壳(dànké/eggshell),会看到蛋白跟普通鲜蛋的颜色截然不同,更让人拍案叫绝的是其中还长着的一朵朵漂亮的松花。是谁"雕刻"出这样的美花呢?

原来这跟人们在制造过程中涂在蛋壳外面的灰料(huīliào/ash)有关。灰料的主要成分有生石灰(CaO)、纯碱(Na_2CO_3)以及草木灰(K_2CO_3)。用水调制灰料时,其中的生石灰首先与水作用生成熟石灰:$CaO + H_2O = Ca(OH)_2$,然后熟石灰又分别与纯碱及草木灰发生复分解反应,生成氢氧化钠($NaOH$)和氢氧化钾(KOH)。

氢氧化钠和氢氧化钾均为强碱,它们经蛋壳渗入鲜蛋后,导致蛋白的化学成分发生分解,分解产物与强碱生成金属盐。这种盐不溶于蛋白,以几何形状的结晶体形式存在,形成了蛋白上那些漂亮的松花。

(据《身边的化学》)

生词语

1. 蛋白　　　（名）　　dànbái　　　egg white
2. 雕刻　　　（动）　　diāokè　　　to carve; to sculpt
3. 涂　　　　（动）　　tú　　　　　to smear; to apply
4. 渗入　　　（动）　　shènrù　　　to filter; to leak
5. 金属盐　　（名）　　jīnshǔyán　　metal salt
6. 几何　　　（名）　　jǐhé　　　　geometry
7. 结晶体　　（名）　　jiéjīngtǐ　　crystal

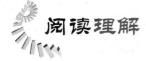

一、根据课文选择正确答案

1. "拍案叫绝"的意思是:
   A. 形容非常害怕   B. 形容非常欣赏
   C. 形容非常坚决   D. 形容非常生气

2. 灰料的主要成分不包括下面的哪一种?
   A. 生石灰   B. 纯碱
   C. 草木灰   D. 氢氧化钠

3. 与"分解"意思相反的是:
   A. 渗入   B. 化合
   C. 雕刻   D. 生成

4. 根据课文,下面哪项化学物质属于强碱:
   A. CaO 和 NaOH   B. Na_2CO_3 和 $Ca(OH)_2$
   C. NaOH 和 KOH   D. $K2CO_3$ 和 KOH

二、请写出"熟石灰与纯碱及草木灰发生反应"的化学反应式

表达方式——分类的表达方式

如果一个总目下还有很多小项,人们往往会把这些小项按照一定的标准加以分类。不同的分类标准,分类的结果不一样,所以分类的时候既要交代标准,也要把类别数量、名称和类别特征等表达清楚。常见的表达方法是"按照……,我们把 A 分为 X 类,第一类是……,第二类是……",或者"A 可分为 X 和 Y……等几类:X……;Y……"。请看看课文的分类,把分类标准和类别名称、特征找出来。

第十五课　陶器的产生和发展

课文

距今大约一万年以前，人类创造出了第一种自然界不存在的物质——陶(táo/pottery)。从此世界上就有了关于陶的种种故事。

陶的出现标志着人类进入了新石器时代。在远古，人们发现一些被水浸湿的黏土(niántǔ/clay; clunch)，经火烧过后不仅改变了颜色，还变得十分坚硬。他们就开始尝试用黏土加水和成泥，烧成各种形状的器皿，陶器的制作就这样开始了。

一开始，人们按照自己的想象，做出各种样式的陶器来满足生存的需要。后来又在这些器皿(qìmǐn/utensils)上描绘鸟兽，把对生灵的信奉崇拜和对美的想象追求也充分地记录在陶器上。

早期烧出来的陶器，以红颜色居多，后来还有灰的，这是陶土中显色金属的作用。到了新石器时代晚期，制陶技术发展到当时的最高水平，就出现了黑陶。

经过相当长的时间，人们在烧制和使用陶器的过程中，发现烧制温度越高，陶器越结实耐用。为了让烧好的陶器尽快降温，以便能将它们取出使用，陶工们在陶器即将烧成时在陶窑(táoyáo/pottery kiln)内淋水，没想到这样做导致了炭黑的产生，炭黑不但使像蛋壳一样薄的陶器增加了一些颜色，而且使薄薄的陶器更加坚实了。

在烧陶过程中，人们偶然发现氧化铜、氧化锡等金属化合物在一千度左右能够还原成液态金属。锡的熔点只有几百度,而铜是一千多度,锡和铜混合并冷却下来就变成了青铜。可以说,混合金属青铜的发现也是非常偶然的。后来用青铜制作的器皿逐渐增多,新石器时代就逐步过渡到青铜时代了。

(据《改变人类的科学活动》)

生词语

1.	坚硬	(形)	jiānyìng	hard; solid
2.	描绘	(动)	miáohuì	to describe; to draw
3.	生灵	(名)	shēnglíng	beings
4.	信奉	(动)	xìnfèng	to believe in
5.	崇拜	(动)	chóngbài	to worship; to adore
6.	追求	(动)	zhuīqiú	to pursue; to go in for
7.	显色金属	(名)	xiǎnsè jīnshǔ	colorful metal
8.	偶然	(形)	ǒurán	incidental
9.	熔点	(名)	róngdiǎn	melting point
10.	冷却	(动)	lěngquè	to cool; to refrigerate

阅读理解

一、根据课文连线

时代	标志
1. 旧石器时代	A. 青铜器皿的出现
2. 新石器时代	B. 打制石器的出现
3. 青铜时代	C. 陶的出现

二、根据课文选择正确答案

1. 人类创造的第一种自然界不存在的物质是:
   A. 石器　　　B. 陶瓷　　　C. 钢铁　　　D. 青铜

2. 下面哪种物质的发现不是偶然的?
   A. 陶　　　B. 混合金属青铜　　　C. 炭黑　　　D. 黏土

3. 锡和铜相比,谁的熔点高?

  A. 一样   B. 前者高   C. 后者高   D. 不知道

4. "冷却"的反义词是:

  A. 热情   B. 加热   C. 还原   D. 降温

5. "满足"不能与下面的哪个词语搭配?

  A. 要求   B. 需要   C. 愿望   D. 理想

三、根据课文填空

1. 人们在这些陶器上描绘鸟兽,是为了表达对_____的信奉崇拜,记录对_____的想象追求。

2. 在远古,人们发现一些被水浸湿的黏土,经火烧过后_____改变了颜色,_____变得十分坚硬。早期烧制的陶器_____红颜色。

3. _____让烧好的陶器尽快降温,_____能将它们取出使用,陶工们在陶器即将烧成时,在陶窑内淋水。没想到这样做_____了炭黑的产生,炭黑_____使像蛋壳一样薄的陶器增加了一些颜色,_____使薄薄的陶器更加坚实了。

词语注释

1. 不仅……还……

> 表示递进关系,后一分句是更进一步的说明。同样表示递进的还有:"并"、"不但……并且(又、还、而且、更、也)"、"尚且"、"何况"、"况且"等。例如:
> (1) 今天是老母亲七十大寿,大儿子上星期就来了并给了五百块钱。
> (2) 石拱桥不但形式优美,而且结构坚固。
> (3) 初等数学尚且没学好,何况高等数学,你还是别着急,先把基础打好吧。
> (4) 你刚来,哪儿都不认识,况且语言又不通,不要一个人到处走。

2. 以……居多

> 占多数的意思。"居"为动词,表在某种位置。
> (1) 我们班以男生居多。
> (2) 现在发现的元素中以金属元素居多吗?

3. 以便

连接两个分句。用在后一分句的开头,表示使下文所说的目的容易实现。
(1) 把材料都编上号,以便查找。
(2) 请把电子邮箱留下来,以便今后网上联系。

一、用给出的词语回答问题
1. 为什么图书馆的书都有代码?(以便)
2. 你会说英语吗?(不仅……还……)
3. 刘丽喜欢穿什么样的衣服,你知道吗?(以……居多)

二、用所给词造句
1. 偶然:
2. 耐用:
3. 过渡:

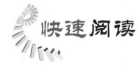

为什么石英表走时特别准

现代人都喜欢戴石英电子表(shíyīng diànzǐbiǎo/quartz watch)而冷落机械表(jīxièbiǎo/machine watch),原因有两个:一、机械表依靠发条(fātiáo/clockwork spring)做动力,由齿轮(chǐlún/gear)传动来走时,一旦忘了上发条,就会"罢工";而石英表,只要放入一枚纽扣(niǔkòu/button)形状的电池,一年都不用照料。二、机械表走时的精度不是很高;高精度的石英表,一年的走时误差为3–5秒,是机械表的100多倍。

石英表为什么有这么高的精度呢?

现代钟表是以振荡来稳定运动的,每秒振荡次数越多,时间就越精确。机械表每秒只振荡6次,石英表每秒振荡约3万多次,毫无疑问,石英表要比机械表精确得多。

科技汉语
——中级阅读教程

  石英表中的振荡器是用石英晶体制作的，它是计时的"心脏"部件。石英晶体属于人工晶体中的一种。人工晶体都是单晶材料，有着优异的性能。石英晶体被广泛使用，在全世界年产量高达2000吨以上。它的化学成分是二氧化硅，与普通的沙子同属一类，可是要比沙子漂亮多了。大块的石英晶体呈六方柱状结晶，被人们称为"水晶"。纯净的水晶是无色透明的，闪闪发亮。如果夹有杂质，就带有各种颜色，如著名的紫晶、黑晶、黄晶等。

（据《e时代N个为什么》）

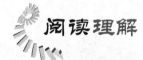

生词语

1. 冷落	（动）	lěngluò	to treat coldly
2. 传动	（动）	chuándòng	to drive;to transmit
3. 精度	（名）	jīngdù	precision
4. 优异	（形）	yōuyì	excellent
5. 柱状		zhùzhuàng	shape of pole; columniation

阅读理解

一、根据课文选择正确答案

  1."罢工"在文章中是指：
    A. 齿轮不停地传动　　　　　　B. 发条工作
    C. 机械表指针不走　　　　　　D. 电池没电了
  2. 第四段的"心脏"是指：
    A. 人身体的一部分　　　　　　B. 石英表
    C. 部件　　　　　　　　　　　D. 振荡器

3. 下面关于石英表的说法,哪个不正确?
   A. 石英表中的石英晶体是单晶材料
   B. 石英表中的石英晶体属于天然晶体
   C. 石英表要比机械表精确得多
   D. 石英表的振荡器是用石英晶体制作的
4. 下面关于石英晶体的说法中,哪个不正确?
   A. 全世界年产量高达2000吨以上
   B. 大块的石英晶体呈六方柱状结晶
   C. 都是无色透明的
   D. 与普通的沙子同属一类

二、回答问题

1. 相对于机械表来说,石英表有哪些优势?
2. 你见过水晶吗?能否举出几个它在现实生活中应用的例子?

三、请你根据课文画出石英晶体的形状

写出下列词语的近义词

一旦—— 　　照料—— 　　毫无疑问—— 　　优异——

阅读 ②

神奇的液晶

提起晶体,我们通常想到的都是玉、冰糖、食盐等的固态晶体。液晶,顾名思义,就是液态的晶体。它是液体和晶体的有机化合物,是一种问世不久的高科技新材料。

液晶在一定条件下不但具有液体的流动性和连续性,而且还具有晶体的电学和化学性能。液晶分子的排列是有一定规则的,但是"性格"特别善变,它对磁、电、光、声、热、力等外界条件的变化非常敏感。当外加电场发生变化时,液晶分子整齐的排列会被外加电场扰乱,从而影响到它的光学性能,使本来透明的液晶变得不透明,这叫做"电光效应"。

早在一百多年前,液晶就被发现了,可是直到近几十年人们发现它是制造显示组件的绝好材料,液晶才开始崭露头角。目前,已有七千多种有机化合物被发现具有液晶的特性。

液晶对我们来说并不陌生。电子手表上的数字,就是利用液晶的"电光效应"显

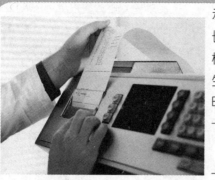

示的。电子表上的显示组件是一个装有液晶的长方形玻璃盒，盒内壁上方有7段透明的电极，内壁下方也有一块电极。在电极上通电，产生直流电场，由于"电光效应"，液晶变得不透明，通过控制电路，这7段电极就能显示0—9十个不同的数字。

把液晶与某些塑料混合，放在导电玻璃上，通电之后，颜色就会发生明显变化，街上许多巨大的广告牌就是这样制作的，越来越走俏的笔记本电脑和液晶显示屏的原理也是如此。

（据《身边的化学》）

生词语

1. 问世不久	（成）	wènshì bùjiǔ	it has been short since it comes out
2. 分子	（名）	fēnzǐ	molecule
3. 规则	（名）	guīzé	rule
4. 善变	（形）	shànbiàn	capricious
5. 扰乱	（动）	rǎoluàn	to disturb
6. 透明	（形）	tòumíng	transparent
7. 崭露头角	（成）	zhǎnlùtóujiǎo	to appear newly
8. 电极	（名）	diànjí	pole; electrode

阅读理解

一、根据课文判断正误

1.（ ）液晶是近几十年人们才发明的。
2.（ ）液晶是液体和晶体的有机化合物，是一种问世不久的高科技新材料。
3.（ ）液晶分子的排列是有一定规则的，它的"性格"十分稳定。
4.（ ）目前，被发现具有液晶的特性的化合物有七千多种。

二、根据课文选择正确答案(答案可能不止一个)

1. 液晶可以用在哪些方面?
   A. 电子表上的显示组件　　　　B. 显示屏
   C. 笔记本电脑　　　　　　　　D. 广告牌

2. 液晶的性质有哪些?
   A. 液体的流动性和连续性
   B. 晶体的电学和化学性能
   C. 对磁、电、光、声、热、力等外界条件的变化非常敏感
   D. 分子的排列没有固定规则

3. "顾名思义"中"顾"的意思是:
   A. 照管　　　B. 看到　　　C. 考虑　　　D. 拜访

4. "走俏"的意思是:
   A. 走路　　　B. 轻轻地走　　　C. 受欢迎　　　D. 漂亮

三、回答问题

1. 液晶是什么?
2. 何谓"电光效应"?

词语练习

写出文中与下列语义相近的词

1. 一般情况下——
2. 刚刚出现的——
3. 看名字想到它的意思——
4. 感觉敏锐、反应很快——
5. 在同类中表现出更好——
6. 很流行——

阅读 3

海豚畅泳的奥秘

海豚是一种讨人喜欢的海洋动物。海豚的智慧让人惊讶,美国军方训练海豚做侦察工具。它的游泳本领相当高超,其速度每小时可达 70 千米,短距离冲刺可达每小时 100 千米,与鱼雷(yúléi/torpedo)的速度差不多。

海豚的游泳本领为什么如此高超?这与海豚皮肤的构造密切相关。海豚的皮肤有三层:第一层是非常光滑柔软的表皮层;第二层是白色的真皮层,长有许多乳头状(rǔtóuzhuàng/shape of nipple)中空的突起物(tūqǐwù/tuber);第三层是很厚的脂肪层,富有弹性。

这种皮肤构造使海豚在游泳时不会产生湍流(tuānliú/torrent; rushing waters),再加上海豚良好的流线型体形,它游泳可以达到很高的速度。而潜艇行进时却会产生湍流,形成阻力。

能不能让游艇行进得更快些呢?德国科学家克雷默模仿海豚皮肤的结构,用橡胶制造出人造海豚皮,中间层有无数细小而且中空的乳头,乳头中间有小孔相连,在小孔中自由流动着一种黏性液体。将这种人造海豚皮覆盖在潜艇上,可以减少约 50%的湍流。这样,潜艇就能行进得更快。

科学家为游泳运动员设计的新式泳衣也是基于同样的思路,期望借此能提高比赛成绩。

(选自《e 时代 N 个为什么》)

生词语

1. 奥秘	(名)	àomì	arcanum, secret
2. 侦察	(动)	zhēnchá	to spy; to scout
3. 冲刺	(动)	chōngcì	to sprint; to spurt
4. 中空	(形)	zhōngkōng	hollow
5. 弹性	(名)	tánxìng	flexibility; elasticity
6. 流线型	(形)	liúxiànxíng	streamlined
7. 模仿	(动)	mófǎng	to imitate

第十五课 陶器的产生和发展

 专名

克雷默   Kèléimò   Kramer (Max O. ~, German researcher)

 **阅读理解**

一、根据课文选择正确答案

1. 海豚的游泳本领如此高超,主要与什么密切相关?
   A. 海豚的头部形状   B. 海豚皮肤的构造
   C. 海豚的尾巴   D. 海豚的身体形状

2. 文章结尾处有"期望借此能提高比赛成绩"一句,其中的"此"是指什么?
   A. 新式泳衣   B. 良好的流线型形体
   C. 人造海豚皮   D. 模仿海豚皮肤的结构

3. 与"高超"的意思最相近的是:
   A. 高级   B. 超级
   C. 高大   D. 高强

4. "其速度每小时可达70千米",相当于:
   A. 每秒70米   B. 每秒17米
   C. 每秒11.7米   D. 每秒20米

5. "鱼雷"是什么东西?
   A. 一种凶猛的鱼   B. 一种游得非常迅速的鱼
   C. 一种军事武器   D. 一种行进迅速的小艇

二、回答问题

海豚的皮肤有几层?每层是怎样的?

词语练习

用划线的字组词

智慧:(　　　)、(　　　)

乳头状：(　　　)、(　　　)
弹性：(　　　)、(　　　)
流线型：(　　　)、(　　　)．

表达方式——时间的表达方式

　　表示时间的名词或名词短语叫做时间词语。在书面语体中介绍历史时常用的有：公元前、公元、世纪、……年代、……初叶、……晚期、……朝等等。例如：公元前100年(B.C. 100)、公元2000年(year 2000)、19世纪(19th century)、50年代(in the 50's)、18世纪初叶 (in early 18th century)、80年代晚期 (in late 80's)、唐朝(Tang Dynasty)。

第十六课 函数

课文

(一) 函数 $y=\dfrac{K}{x}$

矩形的面积是 12 平方厘米,这时长 y(厘米)和宽 x(厘米)之间的关系是 $y=\dfrac{12}{x}$。

由上式可以看出,如果 x 扩大到原来的几倍,那么 y 就缩小到原来的几分之一;反过来,如果 x 缩小到原来的几分之一,那么 y 就扩大到原来的几倍。我们把两个量之间的这种关系叫做反比例关系。

一般来说,我们把函数 $y=\dfrac{K}{x}$(K 是不等于零的常数)叫做反比例函数。反比例函数 $y=\dfrac{K}{x}$(K≠0)的图像是以原点为对称中心,和直线 y=x 为对称轴的两条曲线。这两条曲线称为双曲线。反比例函数有下面的性质:

(1)当 K>0 时,函数图像的两个分支分别分布在平面直角坐标系的第一、三象限内,在每一个象限中,y 随 x 的增大而减小;当 K<0 时,两个分支分别分布在平面直角坐标系的第二、四象限内,在每一个象限中,y 随 x 的增大而增大。

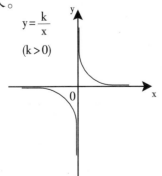

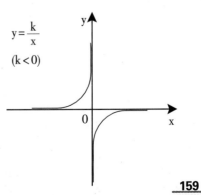

(2) 两个分支都无限接近但永远不能达到 x 轴和 y 轴。

(二) 函数 $y=ax^2$

函数 $y=ax^2$ 的图像如物体抛射时所经过的路线，我们把它叫做抛物线。这个抛物线关于 y 轴对称，y 轴叫做抛物线的对称轴。抛物线 $y=ax^2$ 与对称轴 y 轴的交点称为抛物线的顶点。

函数 $y=ax^2$ 有以下性质：

(1) 抛物线 $y=ax^2$ 的顶点在原点，以 y 轴为对称轴。

(2) 当 a＞0 时，抛物线 $y=ax^2$ 位于 x 轴的上方，它的开口向上，并且向上无限伸展；当 a＜0 时，抛物线 $y=ax^2$ 位于 y 轴的下方，它的开口向下，并向下无限伸展。

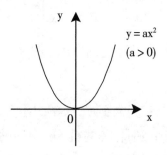

(3) 当 a＞0 时，在对称轴的左侧，y 随着 x 的增大而减小；在对称轴的右侧，y 随着 x 的增大而增大；函数 y 在顶点处的值最小。当 a＜0 时，在对称轴的左侧，y 随 x 增大而增大；在对称轴的右侧，y 随着 x 增大而减小；函数在顶点处的值最大。

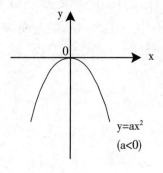

(选自《科技汉语》(汉维版))

生词语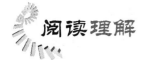

1. 函数　　　　　（名）　　　hánshù　　　　function
2. 矩形　　　　　（名）　　　jǔxíng　　　　rectangle
3. 图像　　　　　（名）　　　túxiàng　　　　image; picture
4. 对称　　　　　（形）　　　duìchèn　　　symmetrical
5. 分支　　　　　（名）　　　fēnzhī　　　　branch
6. 坐标　　　　　（名）　　　zuòbiāo　　　coordinate
7. 象限　　　　　（名）　　　xiàngxiàn　　quadrant
8. 随(着)…而…　　　　　　　suí(zhe)... ér...　along with
9. 顶点　　　　　（名）　　　dǐngdiǎn　　　acme; peak
10. 侧　　　　　　（名）　　　cè　　　　　　side

阅读理解

一、根据课文判断正误

1. (　) 当一个矩形的面积固定时,长和宽成反比例关系。
2. (　) 当一个矩形的一条边固定时,其面积和另一条边成正比例关系。
3. (　) "函数 $y=ax^2$ 的图像如物体抛射时所经过的路线"中"如"的意思是"例如"。
4. (　) 反比例函数 $y=\dfrac{K}{x}$ (K≠0)的图像也可以以直线 $y=-x$ 为对称轴。
5. (　) 反比例函数都是 y 随着 x 的增大而缩小,或者 y 随着 x 的缩小而增大。

二、根据课文选择正确答案

1. 函数 $y=-\dfrac{3}{x}$ 的图像在哪两个象限？

   A. 第一、第二象限　　　　　B. 第一、第三象限
   C. 第二、第三象限　　　　　D. 第二、第四象限

2. 函数 $y=2x^2$ 的图像在哪两个象限？

   A. 第一、第二象限　　　　　B. 第一、第三象限
   C. 第二、第三象限　　　　　D. 第二、第四象限

3. 函数 $y=2x^2$ 的图像的开口方向怎样？

   A. 向上　　　　　　　　　　B. 向下
   C. 向左　　　　　　　　　　D. 向右

4. 函数 y＝2x²＋5 的图像相对于函数 y＝2x² 的图像来说,是怎样的?

    A. 向下移动 5 个单位   B. 向上移动 5 个单位

    C. 向右移动 5 个单位   D. 向左移动 5 个单位

三、画图

  1. 请你画出 $y=\dfrac{3}{x}$ 的图像,并指出图像所在的象限以及 x 和 y 的关系。

  2. 请你画出 $y=-2x^2$ 的图像,并指出图像所在的象限以及 x 和 y 的关系。

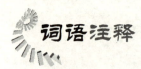

1. "扩大"和"缩小"

> "扩大"表示放大范围、规模,跟缩小相对。"扩大"可与倍数搭配;"缩小"不能与倍数搭配,而应用几分之几。
> (1) 新盖的房子比原来扩大了三倍。
> (2) 我国将不断扩大旅游事业。
> (3) 耕地面积缩小了百分之二十。
> (4) 气球有点跑气,逐渐缩小了。

2. A 随 B 而……

> 表示 A 因为 B 的变化,有不同的结果。
> (1) 气体随温度升高而体积变大。
> (2) 土地随纬度升高而有不同的植被。

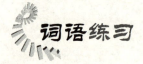

造句

  1. 扩大:

  2. 缩小:

  3. 随……而……:

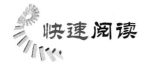

阅读 ①

日高八万里

2000多年前,受当时科学水平的限制,我国周代人还不知道地球是圆的,他们认为地球是一个大平面,天像一个大锅盖(guōgài/pan lid),即所谓的"天圆地方"之说。农历夏至时,他们先在地面上立一根8尺长的标杆,测出标杆的影子长度为6尺。然后又假设标杆每向南移动1000里,日影就缩短1寸。由于标杆的影子长6尺,如果把标杆连续向南移动60个1000里,即6万里的话,那么标杆的影子长度就会缩短为零了,这时,标杆就跑到太阳的正下方去了。

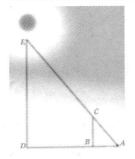

由上图得出,△ADE∽△ABC

有 $\dfrac{DE}{BC}=\dfrac{AD}{AB}$

DE=BC×$\dfrac{AD}{AB}$=8尺×6万里/6尺=8(万里)

所以,古人认为太阳的高度为8万里。

日高8万里对不对呢?当然不对。现代技术测得,太阳光大约需要8分钟才能到达地球,而光每秒钟能走30万千米。由此可算得,太阳到地球的距离等于光在8分钟(即480秒)内行走的距离,大约等于30×480=14400(万千米),即1.44亿千米。最新测得的地日之间的距离为149597870千米。周代人算得的8万里合起来才4万千米,差距太大了。他们计算的问题出在哪里呢?主要有两点:

(1) 假设标杆向南移动一千里日影就会缩短一寸是错误的;

(2) 大地是个球面,把大地看成平面自然也是错误的。

虽然周代人根据错误的假设条件计算出了错误的结论,但是他们计算所使用的数学原理是正确的。

(据《探索形状的奥秘Ⅱ》)

生词语

1. 农历　　　（名）　　nónglì　　　Chinese traditional calendar; moon calendar
2. 夏至　　　（名）　　xiàzhì　　　the Summer Solstice
3. 标杆　　　（名）　　biāogān　　 surveyor's pole
4. 尺　　　　（量）　　chǐ　　　　 a unit of length (measure word)
5. 寸　　　　（量）　　cùn　　　　 a unit of length (measure word)
6. 里　　　　（量）　　lǐ　　　　　500 meters (measure word)
7. 差距　　　（名）　　chājù　　　 gap; difference
8. 结论　　　（名）　　jiélùn　　　conclusion

专名

周代　　　　　　　　　Zhōudài　　 Zhou Dynasty, *a slavery dynasty in Chinese history, about 1046 BC–256 BC*

一、判断正误

1.（　）所谓的"天圆地方"之说是科学的。

2.（　）光的传播速度是每秒 30 万公里。

3.（　）古人在算太阳的高度时,利用了相似三角形的原理。

4.（　）最新测得的地日之间的距离大约为 1.44 亿千米。

5.（　）2000 多年以前,中国人就知道地球是圆的。

二、根据课文填空

1. "天圆地方"的意思是_____。

2. _____周代人根据错误的假设条件计算出了错误的结论,_____他们计算所使用的数学原理是正确的。

3. 他们_____在地面上立一根 8 尺长的标杆,测出标杆的影子长度为 6 尺。_____又假设标杆每向南移动 1000 里,日影_____缩短 1 寸。_____标杆的影子长 6 尺,把标杆连续向南移动60个1000里,即6万里的话,_____标杆的影子长度就会缩短为零了。

三、问答题

古人测到的太阳的高度为什么不对?

解释下列画线词语

1. 即所谓的"天圆地方"<u>之说</u>:
2. <u>日影</u>就缩短1寸:
3. <u>由</u>图<u>得出</u>:
4. 现代技术<u>测得</u>:

女性跑得比男性快

曾经有人在某报体育专栏(zhuānlán /special column)提出一项质疑:男运动员是否真的比女选手跑得快?一般人都会认为前者确实比后者跑得快。但该专栏作家却认为加入身高因素,才可以较为公平地比较两性在赛跑上的表现。他按照这想法,计算出男、女子一百米世界纪录的每秒身高比(选手的速度除以其身高)分别为5.55和5.64。因此,该作家的结论是:跑得最快的女人比最快的男人还要快!

现在看运动员(不论高矮)在田径场(tiánjìngchǎng/track and field)上的快慢,皆以简单的反比为比较的基础。即是,若设 V 为速度,d 为距离,t 为时间,则在一定的距离比赛,距离 d 为常数,$V=\dfrac{d}{t}$。从而得出以愈短的时间完成赛程,速度就愈快的结论。

但加入"身高"(h)因素后,则 $V=\dfrac{d}{ht}$,此式在数学上称为联比。我们从这个关系看到,若 h 不变,可以只考虑 $V=\dfrac{d}{t}$,得出当高度相同的运动员一起比赛时,愈短完成赛程的时间可反映出愈快的速度;而当 t 不变,则要从 $V=\dfrac{d}{h}$ 中考虑,得出若以相同时间完成等距的赛程,较矮的运动员跑得较快。

以不同的角度看事物,可使我们的思考更灵活、视野更广阔,也让我们明白为何学校的田径赛要分组(按年龄)进行,男、女子的战绩必须分别记录。

(据《生活的数学》)

生词语

1. 纪录　　（名）　　jìlù　　　　record
2. 皆　　　（副）　　jiē　　　　 all; both
3. 反比　　（名）　　fǎnbǐ　　　inverse ratio
4. 联比　　（名）　　liánbǐ　　　joint ratio
5. 战绩　　（名）　　zhànjì　　　military successes

阅读理解

一、根据课文判断正误

1.（　）一般人都认为男运动员比女运动员跑得快,可是短文中的专栏作家却认为跑得最快的女人要比最快的男人快。
2.（　）作者不赞成短文中那个专栏作家的观点。
3.（　）男子一百米世界记录的每秒身高比比女子的要高。

二、根据课文选择正确答案

1. 第一段中的"前者"、"后者"分别指什么?
　A. 前者指女运动员,后者指男运动员
　B. 前者指男运动员,后者指女运动员
　C. 前者指高运动员,后者指矮运动员
　D. 前者指矮运动员,后者指高运动员

2. 第三段"而当 t 不变"中"而"的意思是:
　A. 表示转折　　　　　　　B. 表示比较
　C. 表示并列　　　　　　　D. 表示递进

3. 文章旨在说明什么?
　A. 跑得最快的女人比最快的男人还要快
　B. 为何学校的田径赛要分组(按年龄)进行,而男、女子的战绩必须分别记录
　C. 若以相同时间完成等距的赛程,较矮的运动员跑得较快
　D. 以不同的角度看事物,可使我们的思考更灵活、视野更广阔

三、根据课文回答问题

那位专栏作家是怎样证明自己的结论的:跑得最快的女人比最快的男人还要快?

用划线的字组词

1. 专栏:(　　　　)(　　　　)
2. 田径场:(　　　　)(　　　　)
3. 反比:(　　　　)(　　　　)
4. 战绩:(　　　　)(　　　　)

阅读 ③ "长赌必输"的原理

赌场内的轮盘有38格,其中"红"和"黑"各占18格,剩余的2格为绿色的"0":红格为由1至36中的单数(dānshù/singular),而黑格则为其中的双数(shuāngshù/even number)。在赌轮盘的过程中,即使可以假设每格有均等的机会出现,但属于赌场的两个绿色的"0"格,总会让赌客尝试到"长赌必输"滋味。

若将一元赌注放在红格上,赢回额外一元的机会为 P(W)=18/38≈0.47,而输掉一元的概率则为 P(L)=20/38≈0.53。设 nW 和 nL 分别为赢和输的次数,则我们可运用加权平均的方法,算出每注以一元($1)博彩的回报率为:

$$nW \times \$1 + \frac{nL \times (-\$1)}{nW + nL} = P(W) \times \$1 + P(L) \times (-\$1)$$

代入 P(W) 和 P(L) 计算,可以知道长赌的结果是:平均每注的"回报"率约为 –0.05。换言之,平均来说,每下注$100 便输掉$5。

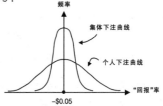

对于赌客来说,博彩的"回报"率正如运气一样不会每晚皆相同,但这个比率却会随统计学的正态分布而变化。

从图可以看到,越是大量的赌注,输的几率越大。当众多赌客每晚沉迷下注博彩的刺激时,赌场就能准确地预计有多少利润进账。

(据《生活的数学》)

生词语

1. 赌注　　　（名）　　dǔzhù　　　　　　wager; stake
2. 额外　　　（形）　　éwài　　　　　　 additional
3. 概率　　　（名）　　gàilǜ　　　　　　 probability
4. 博彩　　　（动）　　bócǎi　　　　　　to bet; to win lottery
5. 回报率　　（名）　　huíbàolǜ　　　　 return rate
6. 正态分布　（名）　　zhèngtài fēnbù　 normal distributing
7. 沉迷　　　（动）　　chénmí　　　　　 to be confused; to be dewildered

阅读理解

一、判断正误

1. （　）在下轮盘赌注时,赢的几率总是比输的几率小。
2. （　）"长赌必输"是说赌得越多越久就会输得越多。
3. （　）若将一元赌注放在黑格上,赢回额外一元的机会为 $P(W)=\frac{20}{38}\approx 0.53$,而输掉一元的概率则为 $P(L)=\frac{18}{38}\approx 0.47$。

二、根据课文填空

1. 在赌轮盘的过程中,＿＿＿可以假设每格有均等的机会出现,＿＿＿属于赌场的两个绿色的"0"格,＿＿＿会让赌客尝试到"长赌必输"滋味。
2. 长赌的结果是:平均每注的"回报"率约为-0.05。换言之,(　　　),每下注$100(　　　)输掉$5。
3. ＿＿＿赌客＿＿＿,博彩的"回报"率＿＿＿运气一样不会每晚皆相同,但这个比率却会随统计学的正态分布＿＿＿变化。

三、根据课文回答问题

"长赌必输"的原理是什么?请从文中概括出来。

科技常识——数学分支一览

基础数学			
数论	代数学	几何学	拓扑学
函数论	泛函分析	常微分方程	偏微分方程
数学物理	概率论	组合数学	数理逻辑与数学基础

应用数学				
数理统计	运筹学	控制论	若干交叉学科	计算机的数学基础

计算数学与科学工程计算	
偏微分方程数值计算	初边值问题数值解法及应用
非线性微分方程及其数值解法	边值问题数值解法及其应用
有限元、边界元数值方法	变分不等式的数值方法
辛几何差分方法	数理方程反问题的数值解法
常微分方程数值解法及其应用	数值代数
函数逼近	计算几何
新型算法	

第十七课 猫不死之谜

课文

人们常说猫有九条命，这样形容也是有科学依据的。

1894年，法国科学院的马雷用高速摄影拍下了猫下落的全部过程。照片清楚地表明，仅在下落的最初 $\frac{1}{8}$ 秒，猫就完成了翻身的动作。

这个结果使许多物理学家惊讶不已，猫是用什么方法使自己转身的呢？

苏联的洛强斯基在他的理论力学中曾提出一种解释：猫在下降时将尾巴向一个方向急速旋转，这样猫的身体会沿相反方向翻转过来。可是，英国生理学家麦克唐纳用割去尾巴的猫做实验，猫照样能在空中灵活地转身，因此这种"转尾巴"的理论是站不住的。

后来，美国学者凯恩对猫下落的照片做了仔细的研究并用计算机仿真，表明身体灵活的猫，在下落时前半身做一周圆锥运动，同时猫的全身作为整体向相反的方向转动。当前半身做圆锥运动一周时，全身正好向相反方向转过180°，这种"弯脊柱(jǐzhù/spinal column)"理论很像"转尾巴"理论，不过这里转动的不是质量很小的猫尾巴，而是猫的整个前半身。

研究这一问题的对现代体育运动技术和航天技术有着十分重要的意义。

在体育运动中，人体有许多动作在腾空阶段完成，如跳水、跳高和体操(tǐcāo/gym)等要求人体在腾空阶段完成一系列复杂的动作。要完成180°的转体动作，以准确的动作入水，猫最知道有效的动作程序，看来，人类要向它学习。

更重要的是在航天中的应用。人习惯在重力下生活，一旦失去重力，就会在空中飘浮，使人感到手脚无所适从。假定我们要求宇航员做在静止漂浮状态下实现转体，没有经验的宇航员将无法完成这个动作。但是如果研究了猫的转身，就能设计出好几个动作方案来实现静止转体。美国航天局设计了一套标准动作来培训宇航员，它们所依据的基本理论也是来自于对猫翻身的研究。

（选自《身边的物理学》）

生词语

1. 形容	（动）	xíngróng	to describe
2. 摄影	（动）	shè yǐng	to photograph; to shoot
3. 翻身	（动）	fān shēn	to keel over; to turn over
4. 旋转	（动）	xuánzhuǎn	to turn; to rotate
5. 仿真	（动）	fǎngzhēn	to simulate; to emulate
6. 圆锥	（名）	yuánzhuī	taper; cone
7. 航天技术	（名）	hángtiān jìshù	space technology
8. 腾空	（动）	téngkōng	to rise high into the air
9. 无所适从	（成）	wúsuǒshìcóng	not know what course to take
10. 方案	（名）	fāng'àn	scheme
11. 培训	（动）	péixùn	to train

专名

1. 法国科学院	Fǎguó Kēxuéyuàn	French Academy of Sciences
2. 马雷	Mǎléi	Mare, *a French name*
3. 苏联	Sūlián	Soviet Union
4. 洛强斯基	Luòqiángsījī	ЛОЙЦЯНСКИЙ(Лев Герасимович~, Soviet physicist)
5. 麦克唐纳	Màikètángnà	MacDonald, *an English name*
6. 凯恩	Kǎi'ēn	Kane, *an English name*

171

阅读理解

一、根据课文选择正确答案

1. 下面哪个理论能更好地解释猫从高空落下却摔不死的原因？
   A. 转尾巴理论　　　　　　B. 弯脊柱理论
   C. 重力理论　　　　　　　D. 翻身理论

2. "猫有九条命"的意思是说：
   A. 猫可以死九次　　　　　B. 猫有九条生命
   C. 猫的命很大，不容易死去　D. 猫可以在死后又活过来

3. 第四段中"站不住"的意思是：
   A. 猫的脚不能站稳　　　　B. 这个理论说不通，不科学
   C. 人们不相信这个理论　　D. 这个人的腿有问题

4. 关于猫下落的说法中，正确的是：
   A. 仅在下落的最后 1/8 秒，猫就完成了翻身的动作
   B. 割去尾巴的猫照样能在空中灵活地转身
   C. 猫的尾巴向一个方向急速旋转，带动全身沿相反方向翻转过来
   D. 当猫的前半身做圆锥运动一周时，全身正好向相反方向转过 360º

5. 文中说到了几个研究猫下落过程的人？
   A. 两个　　　　　　　　　B. 三个
   C. 四个　　　　　　　　　D. 五个

二、根据课文连线并排列事件的先后顺序

（　）洛强斯基　　　用高速摄影拍下了猫下落的过程
（　）马雷　　　　　用割去尾巴的猫做实验
（　）凯恩　　　　　研究猫下落的照片并用计算机仿真实验
（　）麦克唐纳　　　用理论力学解释猫不死之谜

三、回答问题

1. 英国的生理学家麦克唐纳是怎样推翻前苏联洛强斯基的"转尾巴"的理论的？
2. 猫不死之谜最后解开了吗？请你谈谈。
3. 研究猫不死之谜对现代体育运动和航天技术有什么重要意义？

第十七课　猫不死之谜

词语注释

会

在本文中表示通常情况下可能如此、将要。
(1) 因为地球具有吸引力,熟了的苹果会掉在地上而不会飞上天空。
(2) 当空中的水蒸气遇冷就会凝结在一起形成水滴。

词语比较

1. "对"和"对于"

　　均是表示对待关系的介词,其作用在于介绍出关系的人或物。凡用"对于"的地方,都可用"对"代替。如例(2)、(3)。但用"对"的地方,却不一定全能用"对于"代替。"对"在介绍动作行为的对象时能表示"向""朝""对待"的意思,如例(1)。

　　(1) 老张对小王笑了笑。
　　(2) 氧气对于顺利燃烧来说很重要。
　　(3) 对于这个问题我还没想出解决的办法。

2. "一旦"和"如果"

　　"如果"表示假设,用得很广泛。"一旦"也表假设,但时间性更强,假设某件事突然发生。

　　(1) 油库一旦失火,就会引起爆炸。
　　(2) 如果你不知道这个元素的化学性质,可以问问老师。

词语练习

一、用所给词语回答问题

1. A：你今天为什么穿这么多？
   B：我以为今天……。（会）

2. 为什么很多人都买保险(insurance)？（一旦）

3. 物理学难吗？（对于）

二、用画线的字或词语再组词
   1. 惊讶不已：
   2. 仿真：
   3. 航天技术：

三、解释画线词语在句子中的意思
   1. 这种"转尾巴"的理论是站不住的。
   2. 一旦失去重力，就会在空中飘浮，使人感到手脚无所适从。
   3. 假定我们要求宇航员做在静止漂浮状态下实现转体，没有经验的宇航员将无法完成这个动作。

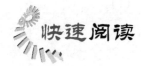

阅读

热缩冷胀

自然界中有少数物质的脾气很古怪，它们不是热胀冷缩，而是热缩冷胀，也就是反常膨胀。4℃以下的水就具有这种非同寻常的特性。水在此时的密度最大,体积最小。温度逐渐下降时，它的体积反而逐渐增大，结成0℃的冰时，它的体积不是缩小而是胀大，大约比原来增大十分之一。

由于4℃的水密度大，所以在北方寒冷的冬天里，河的表面结了厚厚的一层冰，但在冰层的下面，水温总保持在4℃左右，这为水中生物提供了生存的良好环境。

水的这种反常膨胀的特性可以为人们所利用,如别具风味的冻豆腐，就是使豆腐中的水结冰后，体积膨胀把豆腐中原来的小孔(xiǎokǒng/little hole)撑大，当冰融化后，水从一个一个的小孔中流出来，豆腐里就留下了无数个小孔，整块豆腐呈泡沫塑料状。这样的冻豆腐经过烹饪后，小孔里盛满了汤汁，吃起来味道就非常鲜美。

但是水的反常膨胀有时也给人们的生活带来了一些麻烦。比如在冬天，室外的自来水管常会由于管中的水结冰而被撑破。汽车司机在冬天的晚上常常要把水箱里的水放掉，也是为了防止水箱冻裂。

(据《身边的物理学》)

生词语

1. 非同寻常　　(成)　　fēitóngxúncháng　　extremely unusual
2. 别具风味　　(成)　　biéjùfēngwèi　　(something) have special flavor
3. 撑　　　　　(动)　　chēng　　to prop up; to sustain
4. 防止　　　　(动)　　fángzhǐ　　to prevent; to avoid
5. 冻裂　　　　(动)　　dònglie　　to crack with cold

阅读理解

一、根据课文选择正确答案

1. "自然界中有少数物质的脾气很古怪"这句话使用了：
   A. 比喻　　　　　　　　B. 拟人
   C. 夸张　　　　　　　　D. 对比

2. "水在此时的密度最大，体积最小"中的"此时"是指：
   A. 4℃以下　　　　　　B. 4℃以上
   C. 4℃　　　　　　　　D. 0℃

3. 下面哪些现象没有体现了水的反常膨胀？
   A. 制作别具风味的冻豆腐　　B. 用冰块冰冻食物
   C. 冬天的自来水管被撑破　　D. 冬天汽车水箱被冻裂

4. 文中"无数"的意思是：
   A. 表示零　　　　　　　B. 表示非常多
   C. 表示不好计数　　　　D. 表示不多

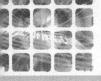

二、根据课文回答问题

1. 何为密度？请写出密度的计算公式。

2. 为什么冰块总是浮在水面上？

3. 在现实生活中，你还发现了哪些热缩冷胀的现象？请举出一到两个例子。

一、画线连接可搭配的词语

1. 脾气　　　A. 降低

2. 体积　　　B. 鲜美

3. 温度　　　C. 古怪

4. 味道　　　D. 膨胀

二、写出下列词语的反义词

热胀冷缩——　　　　　反常——

缩小——　　　　　　　下降——

厚——　　　　　　　　良好——

阅读 2

小小动物食量大

　　动物所吃的食物，其中一个主要的功用是保持体温，也就是维持生命。不论生物或死物，其散热的速率，都与这物体与外界接触的表面成正比。动物单位质量的面积愈大，散热速率愈大，所需的食量也愈大。

　　假设一只猫和一只体形是它两倍的狗相比，它们每天的食量谁比谁大呢？

　　为了简化计算，设两只动物的体形为正立方体。较大的一只其边长为较小的两倍，由于各种动物的密度都和水的密度相近，可视为相等，两只动物的密度均为 ρ，则两者的一些比较如下表：

	猫	狗
边长	l	$2l$
面积	$6l^2$	$6\times(2l)^2=24l^2$

体积	l^3	$(2l)^3$
质量	$l^3\rho$	$8l^3\rho$
每单位质量的面积	$6l^2/l^3\rho=6/l\rho$	$24l^2/8l^3\rho=3/l\rho$

  由表中最后一列可知，猫单位质量的面积等于狗两倍，即猫的散热速率也为狗的两倍，所以猫所需的食量是狗的两倍。由此类推，得出动物的体型愈小，其单位质量（重量）所需的食量就愈大。小鸟要勤于觅食才能维持生命就是这个原因。

  体型愈小的动物，愈容易散热。同类的动物，生活在寒带的物种，其体型较大，而生活在热带者体型则较小。例如生活在南极（nánjí/South Pole）的成年企鹅（qǐ'é/penguin）体长约1－2米，而生活在赤道（chìdào/equator）的企鹅则长仅0.445米。

（据《生活的物理》）

生词语

1. 体温 （名） tǐwēn animal heat
2. 正比 （名） zhèngbǐ direct ratio
3. 外界 （名） wàijiè outside; environment
4. 正立方体 （名） zhènglìfāngtǐ square
5. 寒带 （名） hándài frigid zone
6. 体型 （名） tǐxíng body shape

阅读理解

根据课文选择正确答案

1. 下面说法中，不正确的是：
  A. 生物散热的速率，都与这物体与外界接触的表面成正比
  B. 猫的食量比狗大

C. 体型愈大的动物,愈容易散热

D. 南极的成年企鹅一般来说要比赤道的长

2. 下列句子中使用"体形"、"体型"不正确的是哪个?

   A. 成年人和儿童在体形上有明显的区别

   B. 她的体形很优美

   C. 这个人的体型不协调

   D. 南方人的体型比北方人要小

3. 与"简化"意思相反的是:

   A. 分化   B. 复杂化   C. 多样化   D. 容易化

4. 最后一段中的"其"是指:

   A. 生活在热带的物种   B. 生活在寒带的物种

   C. 容易散热的物种   D. 食量大的物种

5. 本文主要是为了说明什么?

   A. 动物所吃的食物,其中一个主要的功用是保持体温

   B. 生活在寒带的物种,体型较大,而生活在热带者体型则较小

   C. 动物单位质量的面积愈大,散热速率愈大

   D. 动物的体型愈小,其单位质量(重量)所需的食量就愈大

词语练习

用划线的字组词

1. 体<u>温</u>:

2. 水<u>量</u>:

3. <u>正立</u>方体:

4. <u>寒</u>带:

5. <u>相</u>近:

阅读 3

建筑中的结构形式

    人们常用大兴土木来表示建造房屋不是一件轻而易举的事情,它意味着要消耗大量的材料、人力,并需要一定的技术。

    建筑的物质技术条件,主要是指房屋用什么建造材料和怎样去建造的问题,它一

一般包括建筑的材料、结构、施工的技术和建筑中的各种设备等。

结构是建筑物的骨架,它为建筑提供合乎使用的空间并承受建筑物的全部重量,抵抗由于风雪、地震(dìzhèn/earthquake)、土壤沉陷、温度引起的热胀冷缩变形等可能对建筑物产生的破坏。所以,结构的坚固程度直接影响着建筑物的安全和寿命。

柱、梁和拱结构是人类最早采用的结构形式,由于天然材料的限制,当时不可能取得很大的空间。利用钢和钢筋混凝土可以使梁和拱的跨度大大增加,它们仍然是近百年来所常用的结构形式。

随着科学技术的进步,人们能够对结构的受力情况进行分析和计算,又相继研究出了桥架、钢架和悬挑结构。

(据《身边的建筑》)

生词语

1. 施工　（动）　shīgōng　　to construct
2. 合乎　（动）　héhū　　to accord with; to conform with
3. 承受　（动）　chéngshòu　　to endure; to undertake
4. 寿命　（名）　shòumìng　　life; life-span
5. 梁　（名）　liáng　　girder
6. 拱　（名）　gǒng　　arch
7. 钢筋　（名）　gāngjīn　　reinforcing steel bar
8. 混凝土　（名）　hùnníngtǔ　　concrete
9. 跨度　（名）　kuàdù　　span

阅读理解

一、选择正确答案

1. 什么会直接影响着建筑物的安全和寿命？
   A. 建筑材料　　　　　　　　B. 建筑结构
   C. 建筑技术　　　　　　　　D. 自然环境

2. 人类最早采用的结构形式没有下面的哪一种？
   A. 柱结构　　　　　　　　　B. 拱结构
   C. 钢架结构　　　　　　　　D. 梁结构

3. "大兴土木"的意思是指：
   A. 大规模地砍树木　　　　　B. 大规模地建房子
   C. 大规模地挖掘土地　　　　D. 大规模地破坏土地、树木

4. "轻而易举"的意思是：
   A. 很容易　　B. 很轻　　C. 容易举起来　　D. 轻而且容易举起来

5. 文中谈到了几种建筑结构？
   A. 3种　　　B. 4种　　　C. 5种　　　　　　D. 6种

二、根据课文回答问题

1. 人类建造房屋的结构形式有哪些？
2. 建筑的物质技术条件是指什么？
3. 为什么说结构对建筑物来说十分重要？

词语练习

写出本文中出现的意思相近的词

指物质或精神因使用、损失而渐渐减少——

符合于；与……相符——

抵御抗拒——

跨越空间的承重结构之间的距离——

科技常识——词的构成（二）

1. 度——加在形容词后，指程度
   浓度　　湿度　　深度　　高度

2. 状——表形状，状态
   粒状　　块状　　片状　　粉末状

3. 剂——某种起化学作用或物理作用的东西
   催化剂　　抗氧化剂　　试剂　　消毒剂

4. 率——比率，比值
   速率　　汇率　　税率　　出生率

猜猜下列词语的意思
长度　　厚度　　水状　　防腐剂　　死亡率

第十八课 列车提速

课文

高速铁路是指运行速度达到每小时 200 千米以上的客运专线(kèyùn zhuānxiàn/special line for passenger transport)。列车运行最高速度从每小时的 100 千米，提高到每小时 200 千米是一个质的飞跃。列车常速运行时不明显的因素，到高速时就会暴露出来。比如，由于列车高速运行时空气阻力上升，这种阻力占运行总阻力的 80%–90%，比以时速 100 千米运行时大了 3–4 倍，因此空气阻力的变化成为影响速度提高的重要因素。为了减小阻力，高速列车的端部都做成子弹头状，技术人员还要对车厢连接作一些处理，使其更加平顺、光滑，并尽可能地降低车辆高度。经过技术处理后的高速列车，它的外形都是流线型，常被人们誉为"子弹列车"。

高速铁路对技术的要求是全方位的。首先，要有大功率牵引机车。俗话说，火车跑得快，全靠车头带。目前，一列普通客车所需的机车牵引功率为 2000–3 000 千瓦，而一列时速 300 千米的高速列车所需的机车牵引功率则高达 10000 千瓦。现代铁路电力机车和内燃机车并驾齐驱。两者比较，电力机车功率大、拉得多、跑得快、爬坡能力强。高速铁路采用的就是电力机车。法国用电力机车牵引试验时速创造了 515.3 千米的世界纪录。

其次，要有又轻又稳的车辆。这需要采用高强度铝合金(lǚhéjīn/aluminum alloy)、玻璃纤维、加强塑料等新材料，使得车辆自身重量大幅度下降;采用智能化控制的密闭通风结构,使高速列车具有极其良好的空气动力性能;采用计算机仿真技术来设计车辆转向架;采用先进的技术,使车辆自身振动和线路干扰振动降低到最低水平。

最后,要有良好的轨道(guǐdào/railway; track)基础和先进的列车自动控制系统,确保高速列车高效率、高可靠性地行驶。日本是最早发展高速铁路的国家,40年来从未发生过行车重大事故,创造了世界铁路行车安全之最,其主要经验之一就是用先进的列车自动控制系统。

(选自《原来如此——万方纵横的交通》)

生词语

1. 提速	(动)	tí sù	to accelerate
2. 飞跃	(动)	fēiyuè	to overfly
3. 暴露	(动)	bàolù	to expose
4. 端部	(名)	duānbù	end
5. 子弹头	(名)	zǐdàntóu	warhead
6. (被)誉为	(动)	(bèi)yùwéi	to be called
7. 功率	(名)	gōnglǜ	power
8. 牵引	(动)	qiānyǐn	to tow; to draw
9. 俗话说		súhuàshuō	there is saying that...
10. 并驾齐驱	(成)	bìngjià-qíqū	to run neck and neck; equally
11. 幅度	(名)	fúdù	range; scope
12. 干扰	(动)	gānrǎo	to disturb; to interfere

阅读理解

一、根据课文判断正误

1. (　) 列车运行最高速度从每小时100千米提高到每小时200千米是一个非常大的飞跃。
2. (　) 空气阻力大小是影响火车速度提高的重要因素。
3. (　) 高速列车的端部都做成子弹头状,其目的是为了美观好看。

4.（　　）电力机车和内燃机车比较，后者功率大、拉得多、跑得快、爬坡能力强。

5.（　　）法国用电力机车牵引试验时速达 515.3 千米，是世界上跑得最快的火车。

6.（　　）最早发展高速铁路的国家是法国。

二、根据课文选择正确答案

1. 目前，火车的最高时速可达：

   A. 100 多公里　　　　　　B. 200 多公里

   C. 300 多公里　　　　　　D. 500 多公里

2. 为了使火车的车辆又轻又稳，我们通过下面的哪个方法不能实现？

   A. 采用智能化控制的密闭通风结构

   B. 采用高强度铝合金、玻璃纤维、加强塑料等新材料

   C. 采用先进的列车自动控制系统

   D. 采用计算机仿真技术来设计车辆转向架

3. 列车高速运行时，除去空气阻力，其他阻力大概占运行总阻力的：

   A. 80%～90%　　　　　　B. 10%～20%

   C. 25% 左右　　　　　　　D. 30% 左右

三、回答问题

1. 何谓"高速铁路"？"子弹列车"又指什么样的列车？

2. 高速铁路对技术的要求有哪些？

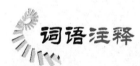

词语注释

1. 誉为

   称赞为，赞美为。

   (1) 香港被誉为东方之珠。

   (2) 木瓜被誉为水果之王。

2. ……之最

   用于名词后，表示主语其中最……的。

   (1) 吉尼斯记录了很多种世界之最。

   (2)《诗经》是中国的诗歌之最。

词语练习

造句

1. 为了：
2. 誉为：
3. ……之最：
4. 俗话说：
5. 并驾齐驱：

快速阅读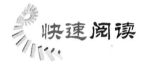

阅读 ①

多民族的机器人

被称为人类生活和生产"最忠实的伴侣(bànlǚ/partner)"的机器人，近几年来取得了飞速发展，让人们不得不对它们"另眼相看"。

经过近几十年的发展，机器人已初步形成了一个近百万人的"王国"。国际上依据其技术特点和规模大小，机器人能被分为四类：

(1) 顺序型。很多在固定岗位(gǎngwèi/position)，从事单一工作的"机械手"都属于此类。

(2) 沿轨道作业型。往这类机器人中输入程序后，它们能自动控制整个过程。

(3) 远距离作业型。我们可以通过设备遥控这类机器人。它们更加灵活，广泛应用于核工业、真空、宇宙、海洋开发等应用领域。

(4) 适应型或者智能型。它们具有感知、适应或学习功能，是机器人中最高级的一种。具体来说，它们又分为工业机器人、农业机器人、医疗机器人、体育机器人、服务机器人等。

机器人是人类创造的一种特殊机器，在生产和生活等方面，特别是在危险和极限环境作业中，有着广泛的应用前景。机器人正发展成为一个庞大的家族，代替人们从事各种各样的工作。

目前,机器人王国中的主要成员是工业机器人。它们占总数的70%以上,共有74万,分布在全球各个地方工作。我国有3000台左右。

(据《科学与未来——虚拟与数字》)

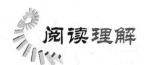

生词语

1. 机器人　　（名）　　jīqìrén　　　　　robot; automaton
2. 忠实　　　（形）　　zhōngshí　　　　loyal; faithful
3. 另眼相看　　　　　　lìngyǎnxiāngkàn　to regard sb. with special respect or new views
4. 遥控　　　（动）　　yáokòng　　　　to telecontrol
5. 真空　　　（名）　　zhēnkōng　　　　vacuum

阅读理解

一、根据课文选择正确答案

1. 机器人中最高级的一种是:
   A. 顺序型　　　　　　　　　B. 沿轨道作业型
   C. 智能型　　　　　　　　　D. 远距离作业型

2. 目前,世界上的机器人总共大概有多少台?
   A. 74万　　　B. 3000　　　C. 100万　　　D. 105万

3. 机器人王国中,最多的一种是:
   A. 工业机器人　　B. 农业机器人　　C. 医疗机器人　　D. 服务机器人

4. 本文在说明方法上,没有使用下面的哪一种?
   A. 分类别　　　B. 作比较　　　C. 打比方　　　D. 列数字

5. 国际上把机器人分为四类,是根据什么标准分的?
   A. 技术特点和工作领域　　　　B. 规模大小和工作领域
   C. 工作领域和数量多少　　　　D. 技术特点和规模大小

二、根据课文判断正误

1. (　　) 广泛应用于核工业、真空、宇宙、海洋开发等应用领域的机器人主要是沿轨道作业型的。

2. (　　) 机器人主要应用在生产方面,特别是在危险和极限环境作业中。

3. (　　) 输入程序后,能自动控制整个过程的机器人是顺序型的。

三、根据课文填空

　　_____人类生活和生产"最忠实的伴侣"的机器人,_____几年来取得了_____发展,让人们_____对它们"另眼相看"。

　　_____近十年的发展,机器人已初步_____了一个近百万人的"王国"。国际上_____其技术特点和规模大小,机器人能被分为四类。

阅读 ②

网络世界的地址

在互联网上有千百万台主机,为了区分这些主机,人们需要给每台分配一个专门标识,这就是网络世界的地址——IP 地址。正如通过家庭地址我们可以找到需要寻找的人一样,通过 IP 地址我们可以轻松地查找每一台主机。

计算机中处理的 IP 地址是二进制方式的,每个地址长 32 比特,如:"11011010000000010100000000100001"就是计算机中一个 IP 地址的表示形式。在人们的日常记录和记忆中如果也采用这种标记方式,显然非常不方便。为了便于读写和记忆,人们采用了十进制标记方法。即按 8 个比特为一个字节计算,把一个 IP 地址分为 4 个字节,每个字节转换成一个十进制的数字(这些数字应不大于 255)。四部分的数字之间用"."分隔,这样就组成了我们常见的 IP 地址。例如"上海热线"主机地址可以表示为"218.1.64.33"。

十进制的 IP 地址虽然比二进制的简便一点,但还是不够形象化。为此人们又想出了一种更接近日常语言的表述形式——域名地址。IP 地址与域名地址要互相对应,而且保持全网统一。还以"上海热线"的主机为例,它的 IP 地址是"218.1.64.33",对应到域名的表示方式是 www.online.sh.cn。显然,域名要比上面提到的两种 IP 地址形式好记多了。

为了适合中国人的文字使用习惯,近年还出现了"中文域名系统"。有了它,我们

只要在电脑上输入汉字(如:上海热线)就可以登陆网页或实现其他功能了。

(据《原来如此——沟通世界的通信》)

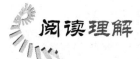

生词语

1. 比特 　　　　(量)　　　bǐtè　　　　　　bit
2. 转换 　　　　(动)　　　zhuǎnhuàn　　　to switch; to transform
3. 域名 　　　　(名)　　　yùmíng　　　　　domain name

阅读理解

一、根据课文选择正确答案

1. 第一段中的"这"是指:
   A. 互联网　　　　　　　　　B. 主机
   C. 专门标识　　　　　　　　D. 人们

2. 计算机中处理的 IP 地址是几进制的?
   A. 二进制　　　　　　　　　B. 八进制
   C. 十进制　　　　　　　　　D. 十六进制

3. 下面关于互联网的说法中,哪个不正确?
   A. 十进制的 IP 地址比二进制的 IP 地址更好记忆
   B. 每一台电脑都有自己的 IP 地址
   C. 域名地址比 IP 地址更形象
   D. 互联网上不仅有英文域名系统,而且有中文域名系统

4. 人们创造域名地址的原因是:
   A. 电脑容易识别　　　　　　B. 人们方便使用
   C. 可以找到要找的网站　　　D. 可以寻找要找的人

二、根据课文填空

1. 计算机处理中的 IP 地址是_____进制的,每个地址长_____比特。为了方便读写和记忆,人们把它转化为_____进制来标记。

2. 1 字节为_____比特,这样,一个二进制的 IP 地址就可以分成_____个字节。
3. 十进制的 IP 地址比二进制_____,但是不如域名地址_____。

词语练习

用画线的字组词

1. 便<u>于</u>：
2. 形象<u>化</u>：
3. <u>登</u>陆：

阅读 ③

自动化的原理

　　人们为了达到节省体力,提高生产效率的目的,发明了许多自动化机器和设备。这些设备和机器可以在人不直接参与的情况下,按照人们预先设计的程序,根据给定的指标完成很多工作。很多时候,它们做得比人自己动手的效果还好,把人真正从生产过程中解放了出来。

　　这些设备和机器的种类非常多,形式千差万别,功能也各不相同,每种机器的特点由它们的工作性质决定:有的用于工业中的生产过程自动化,有的则在军事上为导弹制导,为飞机导航。无论干什么,它们都能圆满地完成任务。是什么原因使它们如此能干呢?

　　自动化设备和机器的关键在于形成反馈。简单地说,反馈就是一个观察、判断、命令、执行的过程。这个过程非常复杂,但无论它多么深奥,都脱离不了以下几个部分:

　　第一,检测比较装置。它的作用相当于人的眼睛,主要是获得反馈,并且计算我们要达到的目的与现在的实际情况之间的差值。

　　第二,控制器。它等同于大脑的作用,主要是用来决定应该怎样做。

　　第三,执行机构。完成控制器下达的决定。

　　第四,控制量。控制过程,使执行最终达到所要的目的。

　　现在请围绕这四个要素,分析一下自己身边的一些自动化设备和机器,了解它们的工作原理。

(据《科学与未来——虚拟与数字》)

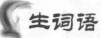

生词语

1. 指标　　　　（名）　　zhǐbiāo　　　　　target; index
2. 千差万别　　（成）　　qiānchā-wànbié　　to differ in thousands of ways
3. 导弹　　　　（名）　　dǎodàn　　　　　 missile
4. 导航　　　　（动）　　dǎoháng　　　　　to navigate
5. 反馈　　　　（名）　　fǎnkuì　　　　　　feedback
6. 深奥　　　　（形）　　shēn'ào　　　　　deep; profound
7. 执行　　　　（动）　　zhíxíng　　　　　to carry out; to execute

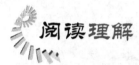

一、根据课文判断正误

1.（　　）自动化设备和机器可以在人不参与的情况下工作，而且总是做得比人自己动手的效果还好。
2.（　　）自动化设备和机器可以不按照人们预先设计的程序工作。
3.（　　）这些设备和机器主要应用于工业生产和军事领域。
4.（　　）自动化设备和机器的检测比较装置，等同于大脑的作用，主要是用来决定应该怎样做。

二、根据课文回答问题

1. 何谓自动化？自动化设备和机器的关键是什么？
2. 反馈的过程通常包括哪几个部分？

词语练习

写出本文中出现的意思相近的词

1. 形容不同的种类差别很多或相同的种类又有很多不同：
2. 规定要达到的目标：

3. 道理、含义高深、难懂：
4. 泛指信息返回：

表达方式——汉语顺序的表达方式

在汉语中用于列举或表达先后顺序的方法主要有几种：
(1) 第一,第二,第三……
(2) 首先,其次,再有,最后
(3) 先,再,然后,接着,最后
(4) 甲,乙,丙,丁……
请找出课文中类似的表达方法。

参考答案

第一课

课文

阅读理解

一、1. B 2. A 3. C 4. C

二、1. 目前 6 件 枚 大量 约

2. 68.2% 超过 不足

3. 1930 前后

词语练习

一、为北京人的存在 成为 到目前为止 为研究 主要为

二、14.3 十四点三   3.005 三点零零五   46.8%百分之四十六点八

98.44%百分之九十八点四四   30020.0001 三万零二十点零零零一

三、1. 我们于2000年在上海认识。

2. 北京图书馆里的图书达一千零三十万册。

3. 老张每天大约7点/7点前后回到家。

阅读 1

阅读理解

1. √ 2. √ 3. × 4. × 5. × 6. √

词语练习

1. 耳目一新 2. 摄取 3. 采集 4. 途径 5. 潜在

阅读 2

阅读理解

一、1. 早 2. 是否相像 3. 适应 4. 相像

二、略

阅读 3

阅读理解

一、略

二、略

词语练习

略

第二课

课文

阅读理解

一、1. C 2. B 3. D

二、1. 跟 一样 形成 2. 在 下 3. 可以说 因此 对于

三、1. B 2. C 3. A

词语练习

一、1. B 2. A 3. B 4. A

二、1. 法语跟英语一样没有声调。

2. 小王跟我一样喜欢看历史书。

3. 植物跟动物一样呼吸。

4. 对于飞机制造,我一点也不懂。

5. 对于汉语学习,很多人觉得比较难。

6. 在我的多次追问下,他才告诉我真相。

7. 现在的大气是在植物的参与下才慢慢形成的。

阅读 1

阅读理解

一、1. × 2. √ 3. √ 4. × 5. ×

二、略

词语练习

略

阅读 2

阅读理解

略

词语练习

一、频繁——频频 　导致——致使 　联系——关联

　荒凉——荒僻 　可怕——可怖 　散发——挥发

二、略

阅读 3

阅读理解

略

课文

阅读理解

一、1. √ 2. × 3. × 4. √ 5. √ 6. × 7. ×

二、1. 物质 100 构成 2. 放射性 人工 3. 目前 据 达

三、略

词语练习

一、1. 据　自从　2. 具有　称为　3. 根据　性质

二、1. 具有　2. 有　3. 根据　4. 据　5. 据　6. 组成　7. 构成

三、垂直——平行　　　熟悉——陌生

　　分解——合成　　　清楚——模糊

四、略

五、CO_1 一氧化碳　$NaCl$ 氯化钠　$AlCl_3$ 三氯化铝　SiC 碳化硅　ZnS 硫化锌　KF 氟化钾　H_2 氢

阅读1

阅读理解

略

词语练习

一、1. 同屋每天都与我说汉语,促进了我汉语水平的提高。

　　2. 铜器的出现标志着人类社会进入一个新的时代。

　　3. 我们的地球一直都围着太阳转,也就是说无时无刻不在运转。

　　4. 繁体字太不便于书写了,应该简化。

二、1. 材料、器具的使用和制造促进了人类智慧的不断提高。

　　2. "集成半导体"使世界的经济和科技得到了高速发展。

阅读2

阅读理解

一、据　开发　反应　污染

二、略

阅读3

阅读理解

塑料袋类型 识别办法	无毒	有毒
燃烧	火焰为蓝色,火焰上端呈黄色,燃烧时散发出石蜡的气味	极难燃烧,燃烧后火焰显黄色,外边为绿色,有一股刺激气味
用手用力抖动	发出清脆响声	声音又小又闷
放入水中,按到水底	浮上水面	沉在水底
抚摸塑料袋的表面	感觉光滑	粗糙不平

词语练习

一、光滑——粗糙　　浮——沉　　　闷——脆

二、抖、按、抚摸

第四课

课文

阅读理解

一、略

二、略

三、1.三千　作为　2.因为　加　乘　3.由于　除了

词语练习

一、1.使用　所谓　逢　所谓　就是　位置　等于　2.随着　普遍　屡见不鲜　3.除了

4.随着　　5.除了　　6.还　　7.都　　8.由于　　9.随着

二、1.屡见不鲜　2.普遍　3.符号　4.痕　5.快捷　6.法则

阅读1

阅读理解

略

词语练习

一、1.常数　2.无理数　3.直径

二、略

阅读2

阅读理解

一、元　最高次数　未知数　次数　解　步骤

二、略

三、1.解：设快车开出 x 小时后与慢车相遇

$$48+48x+70x=284$$
$$48x+70x=284-48$$
$$118x=236$$
$$x=2$$

答：快车开出2小时后与慢车相遇。

2. $(2x+3)^2=3(4x+3)$

$4x^2+12x+9=12x+9$

$4x^2=0$

∴$x=0$

阅读3

阅读理解

一、略

二、略

第五课

课文

阅读理解

一、略

二、略

三、1.压强=力/面积　2.垂直于　3.根据　取决于

词语练习

一、1.相反　2.取决于　3.相当于　4.不取决于　5.因为、所以

二、1. C 2. D 3. A 4. B

三、略

阅读 1

阅读理解

一、1. ABD 2. C 3. AC

二、取决于 聚集 塌陷 膨胀

三、略

词语练习

充分 搜索 浮动 减缓 收缩 起始

阅读 2

阅读理解

一、引力 因而 吸引 运转

二、略

阅读 3

阅读理解

略

第六课

课文

阅读理解

一、1. ABC 2. BD 3. BC 4. BCD 5. C

二、24135

词语练习

一、略

二、1. C 2. A 3. C 4. D 5. B

阅读 1

阅读理解

一、1. × 2. √ 3. × 4. × 5. ×

二、被称作"信息网络版"的仪器 储存 按 扬声器 相当 耐心 查询

词语练习

略

阅读 2

阅读理解

略

词语练习

离奇 无缘无故 迟钝 寻常 更改

阅读 3

阅读理解

略

词语练习

1. 大商场的物品包罗万象。

2. 广州市私人拥有的汽车已达上百万辆了。

3. 网络一方面给人们带来方便,另一方面也有一些不利影响。

4. 他买了一台崭新的电脑。

课文

阅读理解

一、1. B 2. A 3. D 4. C

二、1. 总量 2. 含 其 倍 3. 达 是 成分 之一 4. 既 也

词语练习

一、1. 我所买的书多是汉语的。

   2. 对于星系方面的知识,我知道的甚少。

   3. 人体中含水达78%。

   4. 中国也是发展中国家之一。

   5. 城市每天产生上万吨垃圾,如此下去,城市将被垃圾包围。

二、1. 这个教室是我的宿舍的三倍。

      这个教室比我的宿舍大两倍。

   2. 广东人口是上海人口的四倍。

      广东人口比上海人口多三倍。

三、1. 他既是我们的老师,也是我们的朋友。

   2. 看书的时候,既不能完全不相信,也不能完全相信。

   3. 小王既能画油画,也能画中国画。

阅读 1

阅读理解

1. D 2. AB 3. AD 4. AB

词语练习

一、1. 免疫功能 2. 肮脏 3. 无法比拟 4. 来得及

二、略

阅读 2

阅读理解

1. × 2. √ 3. × 4. √ 5. × 6. ×

词语练习

高等动物 雄 低廉 干燥

197

阅读3

阅读理解

一、在于 至关重要 取决于 加以

二、略

三、略

第八课

课文

阅读理解

一、1. ABC 2. ACD 3. B 4. BD

二、略

词语练习

一、1.若 则 2.分解 3.若 则 4.意味 5.保证 6.意味着 7.相当于 从而

阅读1

阅读理解

一、1. 便 反复 一直 直到 2. 频繁 连连 不断 3. 只要 也

二、1.√ 2.× 3.× 4.√ 5.× 6.√

词语练习

1. C 2. D 3. E 4. A 5. B

阅读2

阅读理解

一、略

二、略

阅读3

阅读理解

一、随着 逐渐 分解 生成

二、略

第九课

课文

阅读理解

一、1. ABC 2. A 3. C 4. ACD

二、1.除了 以外 还 2.比如 般 一样 连 也 与 即使 也 3.占 达 以

词语练习

一、绿化 简化；洗涤剂 消毒剂；农业 商业；遗传性 弹性

二、1. 小王在这次乒乓球比赛中大显身手。

    2. 这个医院拥有非常先进的医疗设备。

    3. 现在火车以120公里/小时的速度行驶。

4. 她的声音像银铃般动听。
5. 我们可以使用保险丝或断电开关来确保用电安全。
6. 有些元素因为具有良好的性能和奇特作用而被广泛应用到食品、药品等多个领域中去。
7. 中国人口占世界人口的1/5。

阅读1

阅读理解

一、由　组成　一旦　收集　设定　瞬时　保护　保障

二、1. ×　2. ×　3. √　4. ×　5. ×　6. ×

三、略

词语练习

1. 拯救　2. 配置　3. 可取　4. 事故

阅读2

阅读理解

略

词语练习

常见：常常见到的，很普遍的。

光可鉴人：像镜子一般光亮。

光洁如初：光滑洁净好像没有用过一样。

光彩夺目：形容光泽颜色耀眼好看。

再好不过：非常好，没有更好的。

阅读3

阅读理解

1. 汽车排放的有毒气体、酸雨和光化学烟雾等
2. 不产生有害排放物，对空气不构成污染或污染很少
3. 太阳能、风能、潮汐能、地热能、氢能等，设计得当，遵守操作规程，保证反应堆的安全
4. 开发利用的成本很高

课文

阅读理解

一、1. 美感的参考　2. 0.618　3. 理想的黄金分割点　4. 都低于

5. 演员表演的时候把脚踮起来了，使躯干增长 6-8cm，从而使得躯干的比更加接近 0.618

二、1. 第一个"此"指"人体躯干与身高的比例"。第二个"此"是指"0.618"。

2. "此"是指"穿上高跟鞋"。"之"是指"躯干的长度"。

三、略

词语练习

一、1. 愈　愈　换言之　由　至　2. 纷纷　3. 享受　4. 协调

二、1. 八比四等于二比一。　2. 这场比赛我们队以三比一取得了胜利。

3.这幅地图的比例尺为：一比五万。

阅读1

阅读理解

一、1. ACD 2. AC 3. C 4. D

二、1. 来 被 2. 不是 而是 实际 3. 在于 之间 并

词语练习

一、1. 穹隆建筑 2. 坚固 3. 拼接 4. 交点 5. 节省 6. 接近 7. 多面体

阅读2

阅读理解

一、1. √ 2. × 3. √ 4. × 5. ×

二、1. 4 2. X

词语练习

1. 与日俱增：与岁月一同增加

2. 如此类推：按照这样推出同类其他事物的道理或做法

3. 由此可见：从这可以看出

4. 复核：审查核对

阅读3

阅读理解

一、1. AD 2. B 3. C 4. D

二、1. 之一 2. 270 146.6 220 3. 正方形 三角形
　　4. 乘以 1个天文单位 无几 5. 中心线 6. 勾股定理

课文

阅读理解

一、1. √ 2. × 3. × 4. √

二、略

词语练习

一、略

二、1. 原则、克服、费劲、反过来、省力 2. 以…为 3. 究竟 4. 沿
　　5. 与、相关 6. 由

三、1. B 2. A 3. E 4. C 5. D

阅读1

阅读理解

一、略

二、1. 在青岛和蓬莱,经常会出现一种奇怪现象。

2. 这是在光通过密度不同的物质时发生的折射现象。

3. 上层空气和下层空气的密度由于温度的差异而变化明显。

三、略

词语练习

经常——罕见　　　　远处——近处　　　　　奇怪——寻常

陆地——海洋　　　　朦朦胧胧——清清楚楚　陌生——熟悉

特定——普通　　　　差异——相同

阅读2

阅读理解

一、1. 吸收　尤其　积存　在　下　2. 赤足　伸展　清爽

二、1. D　2. C　3. A　4. A　5. C　6. B

阅读3

阅读理解

一、1. 制造材料具有不透气性

　　2. 形成一层不透气的水膜　水的表面张力

　　3. 两个裤管口和腰围

二、24135

词语练习

一、沉——浮　　　　干——湿　　　　永久——暂时　　　安全——危险

　　收缩——鼓胀　　打开——束紧　　缓慢——迅速

二、暂时——临时　　随即——马上　　令——使得

课文

阅读理解

一、1. AD　2. ABC　3. ACD　4. C　5. AE

二、1. 只要　再　就　2. 相似　而　3. 登陆　网站　按照　以　输入　定位　点击

词语练习

一、1. 依据　2. 按照　3. 根据　4. 按照　5. 依据　6. 采用　7. 使用　8. 采用　9. 应用

二、目的地——目标　　类似——关联　　特征——特点　　快速——迅速

　　并且——而　　　　提起——说到　　依靠——借助

阅读1

阅读理解

一、1. √　2. √　3. ×　4. √　5. ×　6. ×

　二、略

词语练习

略

阅读2

阅读理解

一、1. 分区攻击

2. 使用软件程序,它会向 SIM 卡提出 7 个特别"问题" 回答这些问题 分析这些情况,得知 SIM 卡的密码等特性 一台电脑 一个 SIM 卡阅读器 一个软件程序

3. 不要随便把手机借给陌生人

二、352146

词语练习

一、1. D 2. A 3. B 4. E 5. C

阅读 3

阅读理解

一、1. B 2. A 3. C 4. C

二、略

第十三课

课文

阅读理解

一、1. √ 2. × 3. √ 4. ×

二、

	主要作用	被消化的地方	被吸收的形式
碳水化合物	能量的来源,呼吸作用的基础物质;氧化释放能量用于激活转运、合成大分子、细胞分裂和肌肉收缩	口腔和小肠	葡萄糖
脂肪	能量的来源,在细胞膜中有重要作用,也是一些激素的成分	小肠	脂肪酸和甘油
蛋白质	作酶、运输系统、激素和抗体等	胃	氨基酸

三、1. 蛋白质 消瘦 营养不良 2. 足够 均衡 理想 3. 在 下 首先 为了

词语练习

一、1. 用 2. 根据 按照 3. 因为 4. 根据 按照

二、1. 基础 2. 基本 3. 基础 4. 分裂 5. 分解 6. 均衡 7. 平衡

三、略

阅读 1

阅读理解

一、略

二、1. × 2. × 3. √ 4. √

词语练习

1. 培养教育   2. 种植管理   3. 能够成功的机率
4. 父亲母亲   5. 不能在发生以前推想到   6. 能够抵抗寒冷和疾病

阅读 2

阅读理解

一、1. B 2. C 3. D 4. A

二、略

三、略

词语练习

略

阅读3

阅读理解

一、略

二、1.× 2.√ 3.× 4.×

三、略

词语练习

心脏——(肝脏)、(内脏)

转化——(变化)、(演化)

有毒物质——(有害物质)、(物质奖励)

第十四课

课文

阅读理解

一、第一类元素 ——— 超微量元素 ——— 锰、铜、锌、碘、硼等
　　第二类元素 ——— 宏量元素 ——— 碳、氢、氧、氮、钾、钙、磷等
　　第三类元素 ——— 微量元素 ——— 氩、锭、镭、铀等

二、1.× 2.√ 3.× 4.×

三、略

词语练习

一、略

二、略

三、1. 贫血症——(症状)、(病症)

　　2. 宏量元素——(微量元素)、(金属元素)

　　3. 固然——(当然)、(果不其然)

阅读1

阅读理解

一、1.√ 2.× 3.×

二、1. CD 2. D

三、取决于 一般而言 越 越 为例 由于 加以

四、略

阅读2

阅读理解

一、1.× 2.× 3.×

二、1. C 2. B 3. D

三、略

词语练习

一、1. E 2. F 3. G 4. A 5. B 6. C 7. D

阅读 3

阅读理解

一、1. B 2. D 3. B 4. C

二、略

第十五课

课文

阅读理解

一、1. B 2. C 3. A

二、1. B 2. D 3. C 4. B 5. D

三、1. 生灵　美　2. 不仅　还　以　居多　3. 为了　以便　导致　不但　而且

词语练习

一、略

二、略

阅读 1

阅读理解

一、1. C 2. D 3. B 4. C

二、略

三、略

词语练习

一旦——万一　　　照料——照顾　　　毫无疑问——肯定　　　优异——优秀

阅读 2

阅读理解

一、1. × 2. √ 3. × 4. √

二、1. ABCD 2. ABC 3. B 4. C

三、略

词语练习

一般情况下——通常　　　　　　　刚刚出现的——问世不久
看名字想到它的意思——顾名思义　　感觉敏锐、反应很快——敏感
在同类中表现出更好——崭露头角　　很流行——走俏

阅读 3

阅读理解

一、1. B 2. A 3. D 4. C 5. C

二、略

词语练习

智慧——(智力)、(智商)　　乳头状——(鱼鳞状)、(形状)

弹性——(特性)、(惯性)　　流线型——(大型)、(典型)

第十六课

课文

阅读理解

一、1.√　2.√　3.×　4.√　5.×

二、1.D　2.A　3.A　4.B

三、略

词语练习

略

阅读1

阅读理解

一、1.×　2.√　3.√　4.×　5.×

二、1.天是圆形的,地球是四方形的　2.虽然　但是　3.先　然后　就　由于　如果　那么

三、略

词语练习

1.就是……理论　2.太阳的影子　3.根据图可以推导出　4.测量得到

阅读2

阅读理解

一、1.√　2.×　3.×

二、1.B　2.A　3.D

三、略

词语练习

1.答疑栏　广告栏　2.运动场　游乐场　3.正比　比率　4.实绩　成绩

阅读3

阅读理解

一、1.√　2.√　3.×

二、1.即使　但　总会　2.平均来说　便　3.对于　来说　正如　而

三、略

第十七课

课文

阅读理解

一、1.B　2.C　3.B　4.B　5.C

二、(2)洛强斯基　　　用高速摄影拍下了猫下落的过程
　　(1)马雷　　　　　用割去尾巴的猫做实验
　　(4)凯恩　　　　　研究猫下落的照片并用计算机仿真实验
　　(3)麦克唐纳　　　用理论力学解释猫不死之谜

三、略

词语练习

一、1. 听到一个好消息使我很高兴。
　　2. 我以为今天会很热。
　　3. 一旦出现什么意外,保险可以弥补一些损失。
　　4. 对于初学者有点难。

二、赞叹不已　仿生学　科学技术

三、1. 不能用来解释问题
　　2. 飘荡悬浮;不知该怎么办
　　3. 假如设定

阅读1

阅读理解

一、1. B　2. C　3. B　4. B

二、略

词语练习

一、1. C　2. D　3. A　4. B

二、热缩冷胀　正常　扩大　上升　薄　恶劣

阅读2

阅读理解

1. C　2. A　3. B　4. B　5. D

词语练习

1. 室温　2. 食量　3. 正三角形　4. 热带　5. 相斥

阅读3

阅读理解

一、1. B　2. C　3. B　4. A　5. D

二、略

词语练习

消耗　合乎　抵抗　跨度

第十八课

课文

阅读理解

一、1. √　2. √　3. ×　4. ×　5. √　6. ×

二、1. D　2. C　3. B

三、略

词语练习

略

阅读1

阅读理解

一、1. C 2. D 3. A 4. C 5. D

二、1. × 2. √ 3. ×

三、被称为 近 飞速 不得不 经过 形成 依据

阅读2

阅读理解

一、1. C 2. A 3. B 4. B

二、1. 二 32 十 2. 8 4 3. 简便 形象

词语练习

1. 利于 2. 现代化 3. 登机

阅读3

阅读理解

一、1. √ 2. × 3. √ 4. ×

二、略

词语练习

1. 千差万别 2. 指标 3. 深奥 4. 反馈

生词总表

A

安	(量)	ān ampere, *unit of electric current, named for Andre-Marie Ampere, 1775–1836, French physicist*	〈電〉アンペア 암페어	(5)
安全气囊	(名)	ānquán qìnáng safe gasbag	車のエアーバック 안전 기낭(공기 주머니)	(9)
氨基酸	(名)	ānjīsuān amino acid	〈化〉アミノ酸 아미노산	(8)
奥秘	(名)	àomì arcanum; secret	奥深くて知り難い・神秘 오의(매우 깊은 뜻)	(15)

B

白领	(名)	báilǐng white-collar	ホワイトカラー 화이트 칼라(사무직 계급)	(12)
半导体	(名)	bàndǎotǐ semiconductor	半導体 반도체	(3)
包罗万象	(成)	bāoluówànxiàng all inclusive	内容が豊富であらゆるものを網羅していること 두루 갖추고 있다	(6)
保健	(名)	bǎojiàn health care	保健 보건	(11)
保鲜	(动)	bǎoxiān to keep fresh	新鮮さを保つ 신선도를 유지하다	(9)
保险丝	(名)	bǎoxiǎnsī fuse	〈電〉ヒューズ 퓨즈	(5)
保障	(名)	bǎozhàng security; guarantee	保障（する） 보장하다	(6)
暴露	(动)	bàolù to expose	暴露する・露見する・表面に現れる 폭로하다. 드러내다	(18)
爆炸	(动)	bàozhà to explode	爆発する 폭발하다	(5)
悲剧	(名)	bēijù tragedy	悲劇 비극	(9)

词	词性	拼音 / 英文	日文 / 韩文	课
(被)誉为	(动)	(bèi) yùwéi to be called	～として褒め称えられている ~라고 찬양받다	(18)
奔波	(动)	bēnbō to rush about	奔走する・苦労する (생활을 위해)바쁘게 뛰어다니다	(12)
比例	(名)	bǐlì proportion	〈数〉比例 비례	(2)
比特	(量)	bǐtè bit	〈コンピュータ〉 ビット 〈컴퓨터〉비트(정보량의 최소단위)	(18)
比喻	(名)	bǐyù comparison	比喩・たとえ・たとえる 비유	(12)
比值	(名)	bǐzhí ratio	〈数〉比・比率・割合 비율	(4)
便秘	(名)	biànmì constipation	便秘 〈생리〉변비증	(13)
变量	(名)	biànliàng variable	〈数〉変量・変数 변량, 변수	(7)
辨别	(动)	biànbié to distinguish	弁別する・区別する・識別する 판별하다, 분별하다	(10)
标杆	(名)	biāogān surveyor's pole	測量竿 측량대, 측간	(16)
标志	(名)	biāozhì sign; mark	標識・しるし・マーク 표지, 지표, 상징	(3)
别具风味	(成)	biéjùfēngwèi (something) have special flavor	独特の特色 독특한 풍미를 지니다	(17)
丙烯酸类	(名)	bǐngxīsuānlèi crylic acids, *a genus of chemical acids*	〈化〉プロピレン、アクリル 아크릴산류	(9)
并驾齐驱	(成)	bìngjià qíqū to run neck and neck; equally	くつわを並べて同じ速さで駆ける。両者に優劣が無い事の例え 어깨를 나란히 하다	(18)
病毒	(名)	bìngdú virus	ウィルス 병독, 바이러스	(6)
波动	(动)	bōdòng to wave; to fluctuate	波動・変動する 동요하다, 술렁거리다	(12)
博彩	(动)	bócǎi to bet; to win lottery	賭博・宝くじ・福引などの総称 도박하다.	(16)
补充	(动)	bǔchōng to supply; to replenish	補充する・補足する 보충하다, 보완하다	(14)
捕猎	(动)	bǔliè to hunt	捕獲する・猟をする 사냥하다, 잡다	(1)
不妨	(副)	bùfáng might as well	かまわない・差し支えない …してもよい 무방하다, 괜찮다	(8)
不良	(形)	bùliáng harmful; not good	不良・よくないこと 불량하다	(2)

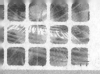

步骤	（名）	bùzhòu procedure	段取り・順序・措置 순서, 절차, 단계		(4)

C

采用	（动）	cǎiyòng to use; to adopt	採用する・取り入れる 채용하다, 사용하다.		(12)
参考	（名）	cānkǎo reference	参考（にする） 참고하다; 참고		(10)
参照物	（名）	cānzhàowù matter of reference	参照・参考の物 참고물		(12)
残存物	（名）	cáncúnwù survivor	残存物 잔존물		(1)
操作	（动）	cāozuò to operate; to manipulate	操作する 조작하다, 다루다		(4)
侧	（名）	cè side	かたわら・わき・そば 옆, 측면		(16)
差距	（名）	chājù gap; difference	格差・へだたり・ひらき 차, 격차		(16)
长度单位	（名）	chángdù dānwèi length unit	長さの単位 길이단위		(4)
长方体	（名）	chángfāngtǐ cuboid	立方体 직육면체		(5)
超微量元素	（名）	chāowēiliàng yuánsù super microelement	超微量元素 초미량원소		(14)
车毁人亡		chēhuǐ rénwáng vehicle ruins and people die	車が人を殺し物を破壊する （교통사고로）차도 망가지고 사람도 죽다		(9)
沉淀物	（名）	chéndiànwù deposit; sediment	沈殿物 침전물		(13)
沉积物	（名）	chénjīwù deposit; sediment	堆積物 퇴적물		(1)
沉迷	（动）	chénmí to be confused; to be bewildered	心を奪われる 깊이 빠지다		(16)
撑	（动）	chēng to prop up; to sustain	広げる・いっぱいになる・膨れる 팽창시키다, 펴다, 넓히다		(17)
成本	（名）	chéngběn cost	原価・コスト 원가, 코스트, 생산비		(9)
成分	（名）	chéngfèn component	<化>成分 성분		(2)
呈	（动）	chéng to appear; to assume	呈（てい）する・示している 나타내다, 보이게되다		(14)
承受	（动）	chéngshòu to endure; to undertake	耐える・(試練・困難などを) 受ける 견디다, ~의 책임을 지다		(17)
乘积	（名）	chéngjī product	<数>積 <수>승적		(10)

210

程序	（名）	chéngxù program	〈コンピュータ〉プログラム 프로그램	(6)
尺	（量）	chǐ a unit of length (measure word)	3 尺が 1m 척(길이의 단위)	(16)
冲刺	（动）	chōngcì to sprint; to spurt	スパートをかける 스퍼트하다, 전력투구하다	(15)
冲泡	（动）	chōngpào to steep	（液に）浸かっている・浸す ~에 적시다, 담그다	(8)
崇拜	（动）	chóngbài to worship; to adore	崇拝する 숭배하다	(15)
出版商	（名）	chūbǎnshāng publisher	出版社（業者）・発行者 출판업자, 발행자	(10)
出没	（动）	chūmò to appear	出没する 출몰하다	(7)
出土	（动）	chūtǔ to excavate; to unearth	出土（する） 발굴하다	(1)
触电	（动）	chùdiàn to get an electric shock	感電（する） 감전되다	(11)
传导体	（名）	chuándǎotǐ transmitter; conductor	〈物〉（熱・電気などの）伝導体 전도체	(11)
传动	（动）	chuándòng to drive; to transit	〈機〉伝動・動力伝送 전동하다	(15)
传感器	（名）	chuángǎnqì sensor	〈電〉センサー・検出器 감응신호장치	(9)
传染	（动）	chuánrǎn to infect	伝染する 전염하다, 옮다	(8)
传送	（动）	chuánsòng to transmit; to carry	送る・送り届ける 전달하여 보내다	(6)
闯	（动）	chuǎng to rush	まっすぐ突き進む 갑자기 뛰어들다, 급하게 결론내리다	(6)
纯	（形）	chún pure	純粋な 순수하다	(14)
磁场	（名）	cíchǎng magnetic field	〈理〉磁場 자장	(9)
雌性	（名）	cíxìng female	雌性・雌 자성	(7)
此	（代）	cǐ this	これ・この 이것	(10)
次数	（名）	cìshù degree; time	回数・度数 회수, 도수	(4)
刺	（动）	cì to stick; to sting	突き刺す・突き通す・刺激する 찌르다	(5)
刺激	（形）	cìjī irritating; irritative	刺激（する） 자극하다	(3)

| 催化剂 | （名） | cuīhuàjì
catalyst | 触媒
촉매제 | (8) |
| 寸 | （量） | cùn
a traditional unit of length
(measure word) | 1寸は3.33 cm
인치 | (16) |

D

搭配	（动）	dāpèi to arrange in pairs; to match	組合わせる・取合わせる 결합하다, 조합하다.	(13)
大气层	（名）	dàqìcén aerosphere	〈気〉大気圏 대기층	(2)
代价	（名）	dàijià expense; cost	代価 대가, 비용	(7)
蛋白	（名）	dànbái egg white	卵白 단백질	(14)
蛋白质	（名）	dànbáizhì protein	たんぱく質 단백질	(7)
导弹	（名）	dǎodàn missile	ミサイル 미사일	(18)
导航	（动）	dǎoháng to navigate	飛行機や船をナビゲーションする 항해나 항공을 유도하다	(18)
盗用	（动）	dàoyòng to peculate; to embezzle	盗用する・着服する 도용하다	(12)
登陆	（动）	dēnglù to land; to disembark	ログイン 상륙하다	(12)
等式	（名）	děngshì equation	〈数〉等式 등식	(4)
等于	（动）	děngyú to equal to; to amount to	（数量が）～に等しい ～와 같다	(5)
底面	（名）	dǐmiàn underside	底の面 밑바닥	(10)
地理	（名）	dìlǐ geography	地理 지리	(1)
典型	（形）	diǎnxíng typical; representative	典型的な 전형적이다, 전형	(3)
电磁场	（名）	diàncíchǎng electromagnetic field	電磁場 전자장	(11)
电极	（名）	diànjí pole; electrode	〈理〉電極 전극	(15)
电解质	（名）	diànjiězhì electrolyte	〈理〉電解質 전해질	(8)
电离	（名）	diànlí ionization	〈電〉電離 전리, 이온화	(8)

电路	（名）	diànlù electric circuit	<電>電気回路 전로, 회로	(3)
电子元件	（名）	diànzǐ yuánjiàn electronic component	電子部品 전자부품	(3)
雕刻	（动）	diāokè to carve; to sculpt	彫刻する 조각하다	(14)
顶点	（名）	dǐngdiǎn acme; peak	頂点 절정, 정상	(16)
冻裂	（动）	dòngliè to crack with cold	凍結して亀裂が入る 얼어터지다, 갈라지다	(17)
抖动	（动）	dǒudòng to shake	振るう・振って動かす 떨다, 털다	(3)
赌注	（名）	dǔzhù wager; stake	掛け金 노름돈, 도박에 건돈	(16)
度量	（动）	dùliáng to measure	度量 측정하다	(10)
端部	（名）	duānbù end	端 끝	(18)
短路	（名）	duǎnlù short circuit	<電>短絡・ショート 단락, 쇼트	(5)
短信	（名）	duǎnxìn short message	ショートメッセージ 짧은 편지	(12)
断电器	（名）	duàndiànqì the socket to cut the circuit	<電>断電器 단전기(두꺼비집)	(5)
对称	（形）	duìchèn symmetrical	<数>対称 대칭, 균형잡힌	(16)
多面体	（名）	duōmiàntǐ polyhedron	多面体 다면체	(10)
多余	（形）	duōyú superabundant	必要量を超えた・余った 과다, 여분	(8)

E

额定电流	（名）	édìng diànliú rating electric current	<電>定額電流 규정된 전류	(5)
额外	（形）	éwài additional	定額を超えた 부가의, 추가의	(16)
耳目一新	（成）	ěrmùyìxīn refreshing	目に触れ耳にするもの全てが新しく感じる 보고 듣는 것이 다 새롭다	(1)

F

| 发掘 | （动） | fājué
to excavate | 発掘する
발굴하다 | (1) |

发馊	（动）	fāsōu to get sour	酸っぱくなる・酸っぱい (음식이)쉬다, 시큼해지다	(8)
发育	（动）	fāyù to grow; to develop	発育（する） 발육하다, 발육	(1)
罚款	（名）	fákuǎn fine; penalty	罰金（を取る） 벌금을 내다, 벌금, 과태료	(6)
法则	（名）	fǎzé rule	法則 법칙	(4)
翻身	（动）	fānshēn to keel over; to turn over	身を翻す 몸을 돌리다	(17)
繁殖	（动）	fánzhí to reproduce	繁殖（する・させる） 번식하다	(2)
反比	（名）	fǎnbǐ inverse ratio	<数>反比・逆数 반비, 역비	(16)
反馈	（名）	fǎnkuì feedback	<電>帰還・フィードバック 귀환하다, 반결합, 피드백	(18)
反射	（动）	fǎnshè to reflect	<物><生理>反射する 반사하다	(2)
反应堆	（名）	fǎnyìngduī reactor	<物>原子炉 원자로, 반응기	(9)
方案	（名）	fāng'àn scheme	仕事の計画・プラン・プログラム 설계도, 초안, 방안	(17)
方程	（名）	fāngchéng equation	方程 방정식	(4)
防止	（动）	fángzhǐ to prevent; to avoid	防止（する） 방지하다	(17)
仿真	（动）	fǎngzhēn to simulate; to emulate	擬似（する）・まねる 진짜를 모방하다	(17)
放射性	（名）	fàngshèxìng radioactivity	放射性 방사성	(3)
飞跃	（动）	fēiyuè to overfly	飛躍 비약하다	(18)
非	（副，前缀）	fēi not; non-	…ではない・…にあらず ~이 아닌	(7)
非同寻常	（成）	fēitóngxúncháng extremely unusual	尋常ではない 보통이 아니다, 예외이다	(17)
费劲	（动）	fèijìn to need great effort	苦労する・骨が折れる 힘을 들이다	(11)
分布	（动）	fēnbù to be distributed (over an area)	分布（する） 분포하다, 널려있다	(1)
分担	（动）	fēndān to partake; to share	分担（する） 분담하다, 나누어맡다	(7)
分解	（动）	fēnjiě to decompose	<物><化>分解する 분해하다	(2)

分母	(名)	fēnmǔ denominator	〈数〉分母 분모	(4)
分散	(动)	fēnsàn to disperse	分散（する） 분산하다, 흩뜨리다	(5)
分支	(名)	fēnzhī branch	一つの系統から分かれた部分 분점, 지점	(16)
分子	(名)	fēnzǐ molecule	〈数〉〈物〉分子 분자	(15)
粉末状		fěnmòzhuàng shape of farina	粉末状 가루모양	(8)
粉碎	(动)	fěnsuì to smash; to crush	粉々になる 가루로 만들다, 분쇄하다	(9)
粪便	(名)	fènbiàn dejection; dejecta	糞便 대소변, 분비	(13)
风行	(动)	fēngxíng to be in popular/vogue	流行する・はやる・盛んに行われる 유행하다, 성행하다	(9)
逢	(动)	féng to reach; to meet	～ごとに 만나다, 마주치다	(4)
缝隙	(名)	fèngxì aperture	すきま 갈라진 틈, 틈	(11)
浮	(动)	fú to float	浮かぶ 뜨다	(11)
幅度	(名)	fúdù range; scope	幅・もの変動の差 정도, 폭	(18)
辐射	(动)	fúshè to radiate	輻射する・放射する 방사하다	(2)
伏特	(量)	fútè volt, *unit of voltage, named for Alessandro Giuseppe Antonio Anastasio Volta, 1745–1827, Italian physics, the inventor of battery*	〈電〉ボルト 볼트(v)	(11)
负担	(名)	fùdān burden	負担 부담	(6)
负数	(名)	fùshù negative	〈数〉負数 음수	(4)
附	(动)	fù to attach	くっつく 붙이다, 덧붙이다	(9)
复制	(动)	fùzhì to copy	コピーする 복제하다, 복사하다	(12)
腹泻	(名)	fùxiè tummy; diarrhea	下痢 설사하다	(13)

G

概率	（名）	gàilǜ probability	〈数〉確率 확률	(16)
干扰	（动）	gānrǎo to disturb; to interfere	妨害する・妨げる〈電〉電波妨害・受信妨害 교란시키다, 방해하다, 전파방해	(18)
感光体	（名）	gǎnguāngtǐ sensitization material	感光体 감광체	(2)
感染	（动）	gǎnrǎn to infect	感染（する） 전염되다, 전염, 감염	(6)
钢筋	（名）	gāngjīn reinforcing steel bar	鉄筋 철근	(17)
高昂	（形）	gāo'áng expensive	高揚する・高まる 비싼, 비싸다	(7)
隔	（动）	gé to separate	（時間・距離を）置く・あける。隔てる・仕切 분리하다, 간격을 두다	(7)
根据	（介）	gēnjù according to	～によれば・～に基づいて ~에 따르면, ~에 의하면	(1)
更新	（动）	gēngxīn to update	更新・アップデート 갱신하다, 새롭게 바꾸다	(12)
公式	（名）	gōngshì formula	公式 공식	(5)
功率	（名）	gōnglǜ power	〈物〉パワー・仕事率 공률, 출력	(18)
攻击	（动）	gōngjī to attack; to assault	攻撃する 공격하다	(12)
供氧	（动）	gōngyǎng to supply oxygen	酸素を供給する 산소를 공급하다	(9)
拱	（名）	gǒng arch	〈建〉せりもち・アーチ 아치, 궁형으로 된 것	(17)
共享	（动）	gòngxiǎng to share together	共に享受する 함께 누리다	(12)
贡献	（名）	gòngxiàn contribution	貢献 공헌	(10)
勾股定理		gōugǔ dìnglǐ Gougu Theorem, i.e. Pythagorean Theorem	ピタゴラスの定理または三平方の定理 피타고라스의 정리	(10)
骨骼	（名）	gǔgé skeleton	骨格 골격	(1)
固然	（副）	gùrán of course; no doubt	もとより…であるが 물론 ~이지만, 물론~거니와	(14)
固体	（名）	gùtǐ solid	固体 고체	(2)

故障	（名）	gùzhàng malfunction, trouble	故障 고장		(5)
顾名思义	（成）	gùmíng sīyì just as its name implies	文字通り 이름 그대로, 글자 그대로		(6)
拐弯	（动）	guǎiwān to turn	カーブする 방향을 바꾸다		(11)
关联	（名）	guānlián relationship	関連・関係 관련, 관계		(12)
光合作用	（名）	guānghé zuòyòng photosynthesis	光合成 광합성		(2)
光滑	（形）	guānghuá smooth	つるつるしている・滑らかで艶がある (물체의 표면이)매끄럽다, 반들반들하다		(3)
光化学烟雾	（名）	guānghuàxué yānwù photochemical smog	光化学スモッグ 광화학 연무(스모그)		(9)
规则	（名）	guīzé rule	規則 규칙		(15)
过渡	（名）	guòdù transition; interim	移行 과도, 돌연변이		(3)

H

海市蜃楼	（名）	hǎishì shènlóu mirage, *an optical refraction phenomenon*	蜃気楼 신기루		(11)
函数	（名）	hánshù function	〈数〉関数 함수		(16)
寒带	（名）	hándài frigid zone	〈気〉寒帯 한대		(17)
航天技术	（名）	hángtiān jìshù space technology	宇宙飛行技術 우주기술		(17)
合乎	（动）	héhū to accord with; to conform with	～に合う・～にかなう ～에 맞다, ～에 합치하다		(17)
合同	（名）	hétong agreement; contract	契約 계약(서)		(6)
呵欠	（名）	hēqiàn yawn	あくび 하품		(8)
核能	（名）	hénéng nuclear energy	〈物〉原子エネルギー・原子力 원자능, 핵에너지		(9)
核酸	（名）	hésuān nucleic acid	核酸・ヌクレイン酸 핵산		(7)
核心	（名）	héxīn core	核心・中核 주요부분, 핵심		(9)
黑客	（名）	hēikè hacker	ハッカー 해커		(12)

衡量	（动）	héngliáng to weigh, to scale	判断する・比較する 따져보다, 평가하다	(8)
宏量元素	（名）	hóngliàng yuánsù macroelement	マクロ元素・マクロエレメント 수량이 많은 원소	(14)
后代	（名）	hòudài offspring	後の時代・後代の子孫 후세, 후대	(13)
蝴蝶鱼	（名）	húdiéyú Butterfly fish, *a kind of fish*	〈魚〉チョウチョウオ 열대어의 일종	(7)
互联网	（名）	hùliánwǎng internet	インターネット 인터넷	(3)
化合物	（名）	huàhéwù compound	〈化〉化合物 화합물	(14)
化石	（名）	huàshí fossil; reliquiae	化石 화석	(1)
化纤	（名）	huàxiān chemical fiber	化学繊維 화학섬유	(11)
化学键	（名）	huàxuéjiàn chemical bond	〈化〉化学結合・ボンド 화학결합	(8)
环保	（名）	huánbǎo environmental protection	環境保護 환경보호	(2)
患	（动）	huàn to suffer from (illness)	患う・病気にかかる (병에)걸리다, 앓다	(14)
荒凉	（形）	huāngliáng barren	荒涼としている・荒れ果てて人気の無い 황량하고 적막하다	(1)
荒漠化	（动）	huāngmòhuà to desertify	砂漠・荒野化 사막화	(9)
黄金分割		huángjīn fēngē Golden Section	〈数〉黄金分割 황금분할	(10)
挥动	（动）	huīdòng to brandish; to wave	手を高く上げて振る 흔들다, 휘두르다	(1)
回报率	（名）	huíbàolǜ return rate	還元率 수익율, 환원율	(16)
回溯	（动）	huísù to backdate; to trace	回顧する・さかのぼる 회고하다, 돌이켜보다	(1)
混凝土	（名）	hùnníngtǔ concrete	〈建〉コンクリート 콘크리트	(17)
活化	（动）	huóhuà to activate	活性化 활성화하다	(8)
和	（动）	huò to mix	こねる・混ぜる 섞다, 혼합하다	(1)

J

| 机器人 | （名） | jīqìrén
robot; automaton | ロボット
로보트 | (18) |

奇数	（名）	jīshù odd number	<数>奇数 <수>기수	(12)
机体	（名）	jītǐ organ	人間の体・有機体 유기체, 인체	(13)
基因工程	（名）	jīyīn gōngchéng gene engineering	<生>遺伝子工学 유전자공학	(13)
激活	（动）	jīhuó to activate	<理>活性化 활성화	(13)
激素	（名）	jīsù hormone	<生理>ホルモン 호르몬	(13)
极限	（名）	jíxiàn high point; limit	最高限度・極限 극한, 최대한	(9)
集成	（形）	jíchéng integrated	集積 집성하다, 집적하다	(3)
几何	（名）	jǐhé geometry	幾何（学） 기하학	(14)
记录	（动）	jìlù to note; to record	記録（する） 기록하다, 기록	(4)
纪录	（名）	jìlù record	記録（する） 레코드(컴퓨터 file 의 구성요소가 되는 정보의 단위)	(16)
继承	（动）	jìchéng to succeed; to inherit	相続する・受け継ぐ 계승하다, 이어받다	(13)
加工	（动）	jiāgōng to process	加工（する） 가공하다	(1)
加剧	（动）	jiājù to exacerbate; to accelerate	激化する 격화하다, 심해지다	(2)
加压	（动）	jiāyā to add pressure	加圧する 가압하다, 압력을 가하다	(2)
加以	（动）	jiāyǐ to give (used before a disyllabic verb to indicate that the action is directed towards sth. or sb. mentioned above)	～をする・行う ～을 가하다, 하다	(14)
夹角	（名）	jiājiǎo nipped angle	<数>夾角 협각	(10)
甲状腺	（名）	jiǎzhuàngxiàn hypothyroid	甲状腺 갑상선	(13)
假设	（动）	jiǎshè to suppose	仮に～とする・仮説 가정하다, 가정, 가설	(11)
尖端	（形）	jiānduān most advanced	先端の・先進的な 최신, 첨단, 최신의, 첨단의	(9)
坚固	（形）	jiāngù firm	堅固である・丈夫である 견고하다, 튼튼하다	(10)

监控	（动）	jiānkòng to monitor	監視測定と制御 강하게 제어하다	(6)
坚硬	（形）	jiānyìng hard; solid	硬い 굳다, 단단하다	(15)
检测技术	（名）	jiǎncè jìshù technology of testing	検査技術 검측기술	(6)
检索	（动）	jiǎnsuǒ to search	検索する 검색하다, 찾다	(12)
检验	（动）	jiǎnyàn to test; to verify	検査する・検証する 검증하다, 검사하다	(7)
简称	（名）	jiǎnchēng abbreviation	略称 약칭	(4)
简化	（动）	jiǎnhuà to simplify; to reduce	簡素化する・簡略化する 간략화(간소화) 하다	(3)
建筑业	（名）	jiànzhùyè architecture industry	建設業 건축업	(9)
交点	（名）	jiāodiǎn point of intersection	〈数〉交点 교점	(10)
交配	（动）	jiāopèi to copulate; to make love	交配（する）．かけ合わせる 교배하다	(7)
交替	（动）	jiāotì to alternate	交替する 교체하다, 교대하다	(7)
交易	（名）	jiāoyì dealing; business	交易・取引 교역, 거래	(6)
皆	（副）	jiē all; both	皆・全て 모두, 전부	(16)
接触	（动）	jiēchù to touch	接触（する） 닿다, 접촉하다	(5)
结构	（名）	jiégòu structure	（建築の）構造・組み立て 구성, 구조, 구조물	(10)
结晶体	（名）	jiéjīngtǐ crystal	結晶体 결정체, 크리스탈	(14)
结论	（名）	jiélùn conclusion	結論 결론	(16)
截	（动）	jié to cut	遮断する・（細長い物を）断ち切る．切り離す	(11)
解剖学	（名）	jiěpōuxué anatomy	解剖学 해부학	(1)
介于…之间		jièyú... zhījiān to intervene	〜の間 사이에 끼어들다	(1)
界限	（名）	jièxiàn dividing line; boundary	限界・境界線 한계, 경계	(4)
金属性	（名）	jīnshǔxìng metallicity	金属の属性 금속성	(3)

金属盐	（名）	jīnshǔ yán metal salt	金属塩 금속염	(14)
金字塔	（名）	jīnzìtǎ pyramid	ピラミッド 피라미드	(10)
近似	（形）	jìnsì approximate	近似する・似通う 비슷하다, 흡사하다	(4)
进化	（名）	jìnhuà evolution	進化（する） 진화, 진화하다	(1)
经济型	（形）	jīngjìxíng economic	経済的な 경제적인, 실리적인	(9)
经营	（动）	jīngyíng to manage	経営する 경영하다, 운영하다	(6)
精度	（名）	jīngdù precision	〈機〉精度・精密度 정밀도	(15)
精确值	（名）	jīngquèzhí accurate value	精確な値 정확한 수치(값)	(4)
精通	（动）	jīngtōng to master	精通する 정통하다	(6)
警察	（名）	jǐngchá policeman	警察 경찰	(6)
酒精	（名）	jiǔjīng alcohol	アルコール 알코올	(13)
矩形	（名）	jǔxíng rectangle	〈数〉長方形 직사각형	(16)
聚甲基丙烯 酸羟乙酯	（名）	jùjiǎjībǐngxī suānqiǎngyǐzhǐ Hydroxyethyl Methacrylate (HEMA), *a kind of chemical* polymer	〈化〉ポリメタクリル酸ヒドロキシエチル 수산화에틸 메타크릴레이트	(9)
绝缘体	（名）	juéyuántǐ insulator; nonconductor	絶縁体 절연체	(11)
均	（副）	jūn all	全て・全部 모두, 다	(13)
均衡	（形）	jūnhéng balanced; even	均衡・バランスを保つ 균형이 잡히다, 고르다	(13)
均匀	（形）	jūnyún symmetric; rhythmic	均整の取れた 균형이 잡히다, 규칙적으로 순환하는	(10)

K

| 卡通 | （名） | kǎtōng
cartoon | 漫画
만화 | (12) |
| 开发 | （动） | kāifā
to develop; to exploit | 開発する・開拓する
개발하다, 개척하다 | (3) |

开辟天地	（成）	kāipì tiāndì to create the world	天地創造 천지개벽의 시조로 전해지는 인물	(1)
抗	（动、 前缀）	kàng to resist; anti-	抵抗する 저항하다, 막다	(7)
抗癌活性 蛋白	（名）	kàng'ái huóxìng dànbái anti-cancer active protein	抗癌活性蛋白 단백(계란흰자)	(7)
抗菌活性 蛋白	（名）	kàngjūn huóxìng dànbái antibiotic active protein	抗菌活性蛋白 단백(계란흰자)	(7)
抗氧化剂	（名）	kàngyǎnghuàjì antioxidant	抗酸化剤 산화방지제, 고무방부제	(8)
考察	（动）	kǎochá to examine; to inspect	実地に調査する 고찰하다, 정밀히 관찰하다	(10)
克服	（动）	kèfú to overcome	克服する 극복하다	(5)
克隆	（动）	kèlóng to clone	〈生〉クローン・複製する (클론, 복제생물) 복제하다	(12)
客观	（形）	kèguān objective	客観 객관적이다	(10)
跨度	（名）	kuàdù span	〈建〉径間・スパン 스팬, 경간	(17)
矿石	（名）	kuàngshí ore	鉱石 광석	(14)
括号	（名）	kuòhào parenthesis; bracket	〈数〉かっこ 괄호	(4)

L

来源	（名）	láiyuán source	産地・源 근원, 출처	(7)
赖以生存	（成）	làiyǐ shēngcún persons or things rely for existence	生きていく上で欠かせない 의지하여 생존하다	(2)
类黄酮	（名）	lèihuáng tóng flavonoid, *a kind of ketone*	〈化〉フラボノイド 플라보노이드	(13)
冷落	（动）	lěngluò to treat coldly	粗末に扱う・寂れている 쓸쓸하다, 냉내하다	(15)
冷却	（动）	lěngquè to cool; to refrigerate	冷却（する） 냉각하다	(15)
离奇	（形）	líqí odd; queer	奇怪である・不思議である 색다르다, 기이하다	(6)
里	（量）	lǐ 500 meters *(measure word)*	1 里は 500m 리(500m)	(16)
里程碑	（名）	lǐchéngbēi milestone	〈喩〉歴史の発展の節目とされる大事件 이정표	(1)

理论	（名）	lǐlùn theory	理論 이론	(1)
利尿	（名）	lìniào diuresis	利尿 이뇨	(13)
粒子模型	（名）	lìzǐ móxíng Particle Model	〈化〉粒子模型 입자모형	(8)
联比	（名）	liánbǐ joint ratio	〈数〉連鎖比例 접합 비율	(16)
链接	（动）	liànjiē to link	〈コンピュータ〉リンク 잇다, 연결하다	(12)
梁	（名）	liáng girder	〈建〉梁（はり） 도리, 대들보	(17)
粮食	（名）	liángshi food; grain	食料・穀物 양식, 식량	(7)
量	（名）	liàng capacity; quantity	数量・分量 용량, 한도	(1)
临床作业	（名）	línchuáng zuòyè clinic task or work	臨床作業 임상실험(과제)	(12)
磷	（名）	lín phosphorus	〈化〉燐 인	(14)
另眼相看	（成）	lìngyǎn xiāngkàn to regard sb. with special respect or new views	別の目で見る・見直して高く評価する (방법, 관점 따위를) 달리하다, 새롭게 하다	(18)
硫氰酸	（名）	liúqīngsuān thiocyanic acid (HSCN), *a kind of chemical acid*	〈化〉テオシアン酸 유황청산	(13)
流线型	（形）	liúxiànxíng streamlined	流線型 유선형	(15)
隆头鱼	（名）	lóngtóuyú Anampses chrysocephalus, *a kind of fish*	〈魚〉スズキ目ベラ科の一種 양놀래기(어류의 일종)	(7)
屡见不鲜	（成）	lǚjiàn bùxiān it is common occurrence; nothing new	しばしば見ていて珍しくもない 흔히 볼 수 있다	(4)
螺旋蓝藻	（名）	luóxuán lánzǎo Spirulina, *a kind of alga*	藍藻類のネンジュモ目ユレモ属スピルリナ科に属する一群の藻類 나선상 남조류	(7)

M

酶	（名）	méi enzyme	酵素 효소	(13)
朦朦胧胧	（形）	méngméng lónglóng obscure; not clear	ぼんやりとしている 모호하다, 불분명하다	(11)

谜团	（名）	mítuán riddle	一連の解決できない問題 수수께끼	(10)
密度	（名）	mìdù density	密度 밀도	(11)
密码	（名）	mìmǎ password; cipher	パスワード・暗証番号 비밀번호	(12)
密切	（形）	mìqiè close	密接である (관계가)밀접하다	(14)
免疫功能	（名）	miǎnyì gōngnéng function of immunity	免疫機能 면역기능	(7)
描绘	（动）	miáohuì to describe; to draw	描く・描写する 묘사하다, 그려내다	(15)
模仿	（动）	mófǎng to imitate	手本とする・模範とする 모방하다	(15)
摩擦力	（名）	mócālì friction	摩擦力 마찰력	(11)

N

纳米	（名）	nàmǐ nanometer	ナノメートル（10億分の1m） 나노미터(10 억분의 1m)	(9)
内存	（名）	nèicún EMS memory	内分泌 내분비	(6)
内分泌	（名）	nèifēnmì internal secretion, incretion	＜数＞内接 내부 접속하다	(11)
内接	（形）	nèijiē inscribed	ＥＭＳメモリー EMS 메모리	(4)
能量	（名）	néngliàng energy	エネルギー 에너지	(2)
能源	（名）	néngyuán energy sources	エネルギー源 에너지원	(3)
溺水	（动）	nìshuǐ to drown	溺れる 물에 빠지다	(11)
捏	（动）	niē to knead with the fingers	指でつまむ・挟む・指でつまんで作る 손가락으로 집다	(1)
牛顿	（量）	niúdùn newton, *unit of pressure, named for Isaac Newton, 1642-1727, British scientist and natural philosopher*	＜人名＞ニュートン 뉴튼(영국의 물리학자, 수학자)	(5)
农历	（名）	nónglì Chinese traditional calendar; moon calendar	旧暦・陰暦 음력	(16)
浓度	（名）	nóngdù consistency; concentration	濃度 농도	(7)

O

| 偶然 | （形） | ǒurán
incidental | 偶然
우연하다, 우연스럽다 | (15) |

P

帕斯卡	（量）	pàsīkǎ pascal, *unit of pressure intensity, named for Blaise Pascal, 1623–1662, French scientist, philosopher and proser*	〈物〉パスカル　圧力のSI単位 파스칼(압력의 SI 조립단위)	(5)
排便	（动）	páibiàn to defecate	排便 배변하다	(7)
排列	（动）	páiliè to array; to put in order	配列する 배열하다, 정열하다	(3)
抛物线	（名）	pāowùxiàn parabola	〈数〉放物線・パラボラ 포물선	(11)
培训	（动）	péixùn to train	訓練 훈련, 양성하다	(17)
配对	（动）	pèiduì to match	（動物を）掛け合わせる・交尾させる 짝을 짓다, 한 쌍으로 만들다	(13)
配置	（动）	pèizhì to deploy; to dispose	配置する 배치하다	(9)
硼	（名）	péng boron	〈化〉ホウ素 붕소	(14)
膨胀	（动）	péngzhàng to expand; to swell	膨張 팽창하다	(5)
碰撞	（动）	pèngzhuàng to collide; to impact	ぶつかる・衝突する 충돌하다	(8)
疲倦	（形）	píjuàn tired	疲れる 지치다	(8)
偏差	（名）	piānchā deviation; error	誤差 편차, 오차, 오류	(7)
拼接	（动）	pīnjiē to piece together; to patch up	つなぎ合わせる 한데 모아 잇다	(10)
频繁	（形）	pínfán frequent; repeated	頻繁に 잦다, 빈번하다	(2)
平面	（名）	píngmiàn plane	平面 평면	(10)
普遍	（形）	pǔbiàn general; common	普及している・普遍的である 보편적이다	(4)

Q

其	(代)	qí it, its	その・それ（ら）の 그, 그들	(3)
奇迹	(名)	qíjì miracle	奇跡 기적	(9)
启动	(动)	qǐdòng to start up	起動 (기계, 설비 따위를) 사용하다, 시동걸다.	(6)
起源	(名)	qǐyuán origin	起源 기원, 기원하다	(1)
千差万别	(成)	qiānchā wànbié to differ in thousands of ways	千差万別 천차만별	(18)
牵引	(动)	qiānyǐn to tow; to draw	引っ張る・牽引する 끌다, 견인하다	(18)
签订	(动)	qiāndìng to sign	締結する・調印する 조인하다, (조약을) 체결하다	(6)
潜力	(名)	qiánlì potential	潜在力 잠재력, 저력	(7)
潜在	(形)	qiánzài latent; potential	潜在的に 잠재하다	(1)
浅	(形)	qiǎn shallow	浅い 얕다	(8)
强度	(名)	qiángdù intensity	強度・強さ 강도	(7)
切割	(动)	qiēgē to incise	切断する 절단하다	(9)
轻易	(副)	qīngyì easily	容易に・簡単に 간단하다, 수월하다	(6)
清脆	(形)	qīngcuì clear and melodious	（音や声が）澄んでいて快い・はっきりとしている 맑고 깨끗하다, 낭랑하다	(3)
穹隆建筑	(名)	qióng lóng jiànzhù arched roof building	ドーム状建築 돔건축, 아치형 건축물	(10)
求	(动)	qiú to calculate; to seek	求める 얻으려고 애쓰다, 노력하다	(4)
区域	(名)	qūyù region; area	区域 구역	(10)
趋势	(名)	qūshì trend; direction; tendency	形勢・成り行き・動向 추세	(3)
取决于	(动)	qǔjuéyú to lie on	～によって決まる 결정하다, 결정되다	(5)
缺一不可	(成)	quēyī bùkě indispensable	一つも欠かせない 불가결의, 절대로 필요한	(4)

226

R

扰乱	（动）	rǎoluàn to disturb	かく乱する・邪魔する 어지럽히다, 교란하다	(15)
绕	（动）	rào to surround	周りを回る 둘러싸다, 에워싸다	(5)
人工合成	（动）	réngōng héchéng to synthesize artificially	人工合成 인공합성	(3)
人工智能技术	（名）	réngōng zhìnéng jìshù technology of artificial intelligence	人工知能技術 인공지능기술	(6)
人机界面	（名）	rénjī jièmiàn interface between person and machine	インターフェース 사람과 기계간의 인터페이스(중간면, 접촉면)	(12)
人造卫星	（名）	rénzào wèixīng artificial satellite	人工衛星 인공위성	(5)
认定	（动）	rèndìng to cognize; to confirm	認定する 인정하다	(14)
日新月异	（成）	rìxīn-yuèyì to change with each passing day	日進月歩 발전이 매우 빠르다	(6)
溶液	（名）	róngyè liquor; solution	〈化〉溶液 용액	(8)
熔点	（名）	róngdiǎn melting point	融点・溶解点 융점	(15)
熔断	（动）	róngduàn to melt	溶解切断（する） 녹아 끊어지다, 녹여 끊다	(5)
融化	（动）	rónghuà to thaw; to melt	溶解する・解ける 녹다, 융해되다	(2)
柔软	（形）	róuruǎn soft	柔軟である 유연하다, 부드럽고 연하다	(9)
蠕动	（动）	rúdòng to creep; to wriggle	蠕動（ぜんどう）する 연동운동을 하다	(13)

S

三角形	（名）	sānjiǎoxíng triangle	三角形 삼각형	(10)
色素	（名）	sèsù pigment; coloring matter	色素 색소	(13)
善变	（形）	shànbiàn capricious	よく変わる・たやすく変化する 변하기 쉽다	(15)
烧毁	（动）	shāohuǐ to burn down	焼ける・焼却する 소각하다	(5)
舍	（动）	shě to abandon	捨てる 버리다, 단념하다	(10)

设	（动）	shè to suppose	仮定する 가정하다, 추측하다, 만일, 만약	(10)
设定	（动）	shèdìng to enact; to set up	設定する 설정하다	(9)
摄取	（动）	shèqǔ to absorb; to take in	摂取する・吸収する 섭취하다	(1)
摄影	（动）	shèyǐng to photograph; to shoot	撮影（する） 촬영하다	(17)
深奥	（形）	shēn'ào deep; profound	奥深い；難しくてわかりにくい 심오하다	(18)
神话	（名）	shénhuà myth	神話 신화	(1)
神经信号	（名）	shénjīng xìnhào nerval signal	神経信号 신경신호	(2)
渗入	（动）	shènrù to filter; to leak	しみ込む・浸入する 스며들다, 배다	(14)
升级	（动）	shēngjí to upgrade	等級が上がる 승급하다, 승격하다	(12)
生化反应	（名）	shēng-huà fǎnyìng biochemical reaction	生体反応 생화학 반응	(2)
生理	（名）	shēnglǐ physiology	生理 생리학, 생리 기능	(14)
生灵	（名）	shēnglíng beings	命あるもの；生き物 생명	(15)
生态环境	（名）	shēngtài huánjìng ecologic environment	生態系 생태 환경	(2)
生物学	（名）	shēngwùxué biology	生物学 생물학	(1)
失眠	（动）	shīmián to suffer from insomnia	眠れない・不眠 잠을 이루지 못하다, 불면증	(11)
失调	（动）	shītiáo to lose balance/proportion	失調 잘 조절하지 못하다	(13)
施工	（动）	shīgōng to construct	施工（する） 시공하다, 공사를 하다	(17)
石斑鱼	（名）	shíbānyú Rock Cod, *a kind of fish*	〈生〉スズキ目スズキ亜目ハタ科 キジハタ 우럭바리(어류의 일종)	(7)
石油	（名）	shíyóu petroleum	石油 석유	(3)
识别	（动）	shíbié to distinguish; to recognise	識別する・見分ける 식별하다, 가려내다	(3)
时髦	（形）	shímáo fashionable; stylish	モダンである・流行する 유행하다	(12)
实验	（名）	shíyàn experiment	実験 실험	(7)

世纪	（名）	shìjì century	世紀 세기	(1)
事故	（名）	shìgù accident	事故 사고	(9)
视觉	（名）	shìjué the sense of vision	視覚 시각	(12)
试验	（动）	shìyàn to test	試験・テストする 시험하다, 시험	(3)
是否	（副）	shìfǒu if; whether or not	…であるかどうか ~인지 아닌지	(10)
适应	（动）	shìyìng to adapt; to accommodate	適応する・順応する 적응하다	(1)
寿命	（名）	shòumìng life; life-span	寿命 수명	(17)
输入	（动）	shūrù to import; to input	入力する 입력하다, 수입하다	(12)
束	（动）	shù to bundle; to sheaf	束ねる・縛る 묶다	(11)
数据	（名）	shùjù data	データ・根拠となる数値 데이터, 통계, 수치	(7)
数值	（名）	shùzhí numerical value	〈数〉数値 수치	(4)
数轴	（名）	shùzhóu number axis	〈数〉数軸 수의 축	(4)
数字化	（动）	shùzìhuà to digitize	デジタル化 수치로 바꾸다	(12)
水膜	（名）	shuǐmó water film	水の膜 수막	(11)
水蒸气	（名）	shuǐzhēngqì vapor	水蒸気 수증기	(2)
死机	（动）	sǐjī to break down	〈コンピュータ〉フリーズする・ハングアップ (기계가)고장나다	(6)
饲料	（名）	sìliào feed; fodder	飼料 사료	(7)
俗话说		súhuàshuō there is saying that...	よく言われるように 속담에 의하면	(18)
速度	（名）	sùdù speed	速度 속도	(3)
速率	（名）	sùlǜ speed ratio	速度率 공률	(8)
酸雨	（名）	suānyǔ acid rain	酸性雨 산성비	(9)
随(着)	（介）	suí(zhe) according to	~に伴い ~에 따라서	(4)

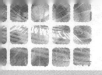

随(着)…… 而……		suí(zhe)... ér... along with	～に伴って・～に沿って 에 더하여, …와 함께	(16)
损失	(名)	sǔnshī loss; expense	損失 손실	(12)
所谓		suǒwèi what is called; so-called	～と言われている・～とはいわゆる ~란, 소위, 이른바	(4)

T

塌陷	(动)	tāxiàn to sink; to cave in	（くずれて）陥没する 꺼지다, 무너지다	(5)
瘫痪	(动)	tānhuàn to paralyze	麻痺状態になる 마비되다	(6)
弹性	(名)	tánxìng flexibility; elasticity	弾性 탄(력)성, 신축성	(15)
碳水化合物	(名)	tànshuǐ huàhéwù carbohydrate	〈化〉炭水化物 탄수화물	(13)
特定	(形)	tèdìng special	定められた・特定の 일정하다, 주어진, 특정한	(11)
腾空	(动)	téngkōng to rise high into the air	空中に舞い上がる・飛び跳ねる 공중으로 오르다	(17)
提取	(动)	tíqǔ to distill; to abstract	抽出する 찾다, 인출하다, 뽑아내다	(14)
提速	(动)	tísù to accelerate	～を加速する 가속하다, 빨리하다	(18)
体温	(名)	tǐwēn animal heat	体温 체온	(17)
体型	(名)	tǐxíng body shape	体型 체형	(17)
替代	(动)	tìdài to substitute for; to take the place of	～の代わりをする・～に取って代わる 대체하다	(3)
通过	(介)	tōngguò by means of; by way of	～によって ~을 통하다, ~에 의하다	(4)
透明	(形)	tòumíng transparent	透明 투명하다	(15)
透气	(动)	tòuqì to ventilate; to breathe freely	新鮮な空気を入れる・通気・換気する (공기가) 통하다	(9)
图像	(名)	túxiàng image; picture	画像・映像 형상, 영상	(16)
图像处理技术	(名)	túxiàng chǔlǐ jìshù technology of visual processing	画像処理技術 영상처리 기술	(6)
涂	(动)	tú to smear; to apply	塗りつける 바르다, 칠하다	(14)

推测	（动）	tuīcè to infer; to suppose	推測する・推し量る 추측하다, 헤아리다		(3)
推崇	（动）	tuīchóng to admire; to canonize	尊敬する・尊重する 숭배하다, 추앙하다		(12)

W

外界	（名）	wàijiè outside; environment	外界・外部 외계, 외부		(17)
外切	（形）	wàiqiē circumscribed	〈数〉外接 외접하다		(4)
网络通信技术	（名）	wǎngluò tōngxìn jìshù technology of internet communication	ネットワーク通信技術 인터넷(네트워크) 통신기술(공학)		(6)
微电子技术	（名）	wēidiànzǐ jìshù microelectronic technology	ミクロ電子技術 미전자 기술(공학)		(9)
微晶	（名）	wēijīng micro-crystal	顕微鏡的な大きさの結晶 미세한 결정		(9)
微量元素	（名）	wēiliàng yuánsù microelement	微量元素 미량원소		(8)
微生物	（名）	wēishēngwù bacterium; microbe	微生物 미생물		(2)
违章	（动/名）	wéizhāng to violate rules and regulations; violation	規定・規則に違反する 법규를 위반하다, 위법		(6)
维生素	（名）	wéishēngsù vitamin	ビタミン 비타민		(7)
未知数	（名）	wèizhīshù unknown number	未知数 미지수		(4)
位于	（动）	wèiyú to locates; to situate	～に位置する・～にある ~에 위치하다		(1)
胃酸	（名）	wèisuān gastric acid	胃酸 위산		(13)
温室效应	（名）	wēnshì xiàoyìng greenhouse effects	温室効果 온실효과		(2)
稳定	（形）	wěndìng stable; steady	安定している 안정하다, 변동이 없다		(2)
问世不久	（成）	wènshì bùjiǔ it has been short since it comes out	世に出て間もない 새로 나온지 얼마 안된		(15)
污染	（动）	wūrǎn to pollute	汚染する 오염되다, 오염		(3)
无法比拟	（形）	wúfǎ bǐnǐ incomparable	比べるものが無い 최고의, 가장 좋은		(7)

231

无所适从	（成）	wúsuǒ shìcóng not know what course to take	どうしたらよいか分からない 누구를 따라야할지 모르겠다	(17)
无限	（形）	wúxiàn infinite; boundless, limitless	無限の 무한하다, 끝없다.	(4)
无缘无故	（成）	wúyuán-wúgù without reasons	何の理由も無い 전혀 관계가 없다, 아무 이유도 없다	(6)
物质	（名）	wùzhì substance	物質 물질	(2)
物种	（名）	wùzhǒng species	（生物分類の基礎単位）種 종	(1)

X

吸引	（动）	xīyǐn to allure; to attract	引き付ける 흡인하다, 빨아들이다	(5)
细菌	（名）	xìjūn bacteria; germ	細菌 세균	(7)
下半叶	（名）	xiàbànyè latter fifty years	世紀後半 1세기의 후반 50년	(9)
夏至	（名）	xiàzhì the Summer Solstice	夏至 하지	(16)
纤维	（名）	xiānwéi fibre	繊維 섬유, 섬유질	(13)
显色金属	（名）	xiǎnsè jīnshǔ colorful metal	多彩金属 현색 금속	(15)
限量	（动）	xiànliàng to set limit	限度を設ける 제한하다	(14)
现象	（名）	xiànxiàng phenomenon	現象 현상	(7)
陷	（动）	xiàn to trap; to get stuck	落ち込む・はまる 곤궁에 처하다	(5)
相当于	（动）	xiāngdāng yú to equal to; to amount to	～に匹敵する・相当する ~와 같다, 적합하다, 대등하다	(5)
相符	（动）	xiāngfú to match	一致する・符合する 서로 일치하다, 서로 부합하다	(10)
向心力	（名）	xiàngxīnlì centripetal force	＜物＞向心力・求心力 구심력	(5)
象限	（名）	xiàngxiàn quadrant	＜数＞象限 상한, 원의 4분의 1	(16)
象征	（动）	xiàngzhēng to symbolize	象徴する・シンボル 상징하다, 상징	(14)
消耗	（动）	xiāohào to consume	消耗する 소모하다, 소모시키다	(7)
小球藻	（名）	xiǎoqiúzǎo Chlorella, a kind of alga	＜生＞クロレラ 크로렐라	(7)

协调	（形）	xiétiáo harmonious	調和する・つり合いが取れる 협조하다, (의견을)조정하다	(10)
斜	（形）	xié tilted; inclined	斜めである 기울다, 비스듬하다	(11)
携带	（动）	xiédài to take; to carry	携帯する 휴대하다, 인솔하다	(6)
新陈代谢		xīnchén dàixiè to metabolize; metabolism	新陳代謝 신진대사	(2)
信奉	（动）	xìnfèng to believe in	信奉する・信仰する 신봉하다	(15)
信息技术	（名）	xìnxī jìshù information technology	情報技術 정보기술	(3)
形成	（动）	xíngchéng to form; to come into being	形作る・形成する 형성하다, 구성하다	(2)
形容	（动）	xíngróng to describe	形容する 형용하다, 묘사하다	(17)
形象	（名）	xíngxiàng appearance; image	イメージ・姿・形 형상	(9)
性质	（名）	xìngzhì property; character	性質 천성, 성질, 성격	(3)
修复	（动）	xiūfù to repair; to renovate	修復（する） 수리하여 복원하다	(13)
许可	（动）	xǔkě to permit; to admit	許可する 허가하다, 승낙하다	(14)
旋转	（动）	xuánzhuǎn to turn; to rotate	回転する 회전하다, 선회하다	(17)
穴位	（名）	xuéwèi acupuncture point	〈中医〉人体のつぼ 혈	(11)
询价	（动）	xúnjià to ask the price	値段を問い合わせる 가격 문의	(6)
循环	（动）	xúnhuán to circle	循環する 순환하다	(4)

Y

压力	（名）	yālì pressure	圧力 압력	(5)
压强	（名）	yāqiáng intensity of pressure	〈物〉圧力の強さ・単位面積当たりの圧力 단위 면적당 받는 압력	(5)
沿	（介）	yán along	…に沿って・沿う ~를 따라, 끼고, 따르다	(11)
研讨会	（名）	yántǎohuì seminar	研究討論会 연구 토론회	(1)
研制	（动）	yánzhì to manufacture; to develop	研究し製造する・開発する 연구 제작하다	(3)

演示	（动）	yǎnshì to demonstrate	実演をやって見せる 설명하다, 시범을 보이다.	(12)
扬声器	（名）	yángshēngqì loudhailer; reproducer	スピーカー・（拡声器） 확성기, 스피커	(6)
阳(阴)离子	（名）	yáng(yīn)lízǐ cation (anion)	〈物〉マイナス（プラス）イオン 양(음)이온	(8)
养分	（名）	yǎngfèn nutrient	養分 양분, 자양분	(2)
遥控	（动）	yáokòng to telecontrol	遠隔操作・リモートコントロール 리코트 콘트롤, 원격조정	(18)
要素	（名）	yàosù essential factor; key point	要素 요소, 요인	(4)
叶绿素	（名）	yèlǜsù chlorophyll	葉緑素 엽록소	(2)
医疗保健	（名）	yīliáo bǎojiàn medical health care or protection	医療保険 의료보건	(12)
依据	（介）	yījù according to	～をよりどころに ~에 의거하다, ~을 근거로 하다	(12)
胰蛋白酶	（名）	yídànbáiméi trypsin, *a kind of enzyme*	〈生化〉トリプシン. 트립신	(13)
移动电话	（名）	yídòng diànhuà mobile telephone	移動電話 핸드폰	(3)
遗址	（名）	yízhǐ ruins; relics	遺跡 유적	(1)
乙醛	（名）	yǐquán aldehyde; acetaldehyde	〈化〉アルデヒド 아세트알데히드	(13)
以…为例	（动）	yǐ... wéilì to take... as an example	～を例にとってみると ~을 예로하다.	(14)
异地	（名）	yìdì different place	異郷・他郷 타향	(12)
抑制	（动）	yìzhì to restrain	制御する 억제하다, 억누르다	(13)
意味	（动）	yìwèi to imply	意味合い・意味 의미하다, 뜻하다, 의미, 뜻	(8)
因素	（名）	yīnsù factor	要素・要因 구성요소, 원인, 조건, 요소	(7)
引力	（名）	yǐnlì gravitation; gravity	引力 만유인력, 인력	(5)
隐形眼镜	（名）	yǐnxíng yǎnjìng contact lenses	コンタクトレンズ 콘텍트 렌즈	(9)
营养	（名）	yíngyǎng nutrition	栄養 영양	(7)
应用	（动）	yìngyòng to apply	応用する 응용하다, 사용하다, 쓰다	(9)

硬盘	（名）	yìngpán hard disk	ハードディスク 하드디스크	(6)
用之不尽	（成）	yòngzhī bújìn endless use	無尽蔵な 아무리써도 다하지 않다	(3)
优异	（形）	yōuyì excellent	ずば抜けている 특히 우수하다	(15)
有毒	（形）	yǒudú poisonous; venomous	有毒 독이 있다	(3)
有机食品	（名）	yǒujī shípǐn organic food	有機食品 무공해 식품, 유기농 식품	(14)
有效性	（名）	yǒuxiàoxìng validity	有効性 유효성	(7)
有章可循	（成）	yǒuzhāng kěxún to have rules to follow	一定の理論に従って行われている 지켜야할 규칙이 있다	(12)
诱发	（动）	yòufā to place a premium on; to cause	誘発する 유발하다	(13)
余数	（名）	yúshù remainder; arithmetical complement	〈数〉（引き算の）残り、（割り算の）余り・剰余 나머지	(10)
与	（连）	yǔ and; with	〜と 〜와	(4)
与……相关		yǔ... xiāngguān to correlate	…は…に関連している 〜와 관계있다.	(11)
与日俱增	（成）	yǔrì jùzēng to grow day by day	日増しに増える 날이 갈수록 번창하다, 날로 많아지다	(10)
宇宙	（名）	yǔzhòu universe	宇宙 우주	(2)
育种	（动）	yùzhǒng to breed	〈農〉育種（人工的な方法で新種の作物・家畜を育てる） 육종하다	(13)
域名	（名）	yùmíng domain name	ドメイン名 영역명	(18)
愈……愈……		yù... yù... more... more...	…すればするほど …할수록 더욱 …하다.	(10)
原点	（名）	yuándiǎn origin	原点 원점	(4)
原理	（名）	yuánlǐ maxim; principle	原理 원리	(2)
原始	（形）	yuánshǐ primitive	原始 최초의, 원시의	(1)
元素周期表		Yuánsù Zhōuqī biǎo Periodic Table of the Elements	元素周期表 원소주기표	(3)
原则	（名）	yuánzé principle	原則 원칙	(14)

圆周率	（名）	yuánzhōulǜ circumferential ratio	円周率 원주율	(4)
圆锥	（名）	yuánzhuī taper; cone	〈数〉円錐 원추, 원뿔	(17)
运算	（动）	yùnsuàn to calculate	〈数〉運算（する）・演算（する） 운산하다, 연산하다, 운산, 연산	(4)
运转	（动）	yùnzhuǎn to circle around	（一定の軌道上で）運行する 회전하다, 운행하다	(5)

Z

暂时	（副）	zànshí temporarily	しばらく・一時 잠깐, 잠시, 일시	(11)
则	（副）	zé so	（…する）と… 다만	(10)
崭露头角	（成）	zhǎnlù tóujiǎo to appear newly	断然頭角をあらわす 두각을 나타내다	(15)
战绩	（名）	zhànjì military successes	戰績 전적	(16)
张力	（名）	zhānglì tensility	張力 장력	(11)
折射	（动）	zhéshè to refract	〈物〉（光の）屈折 굴절하다	(11)
侦察	（动）	zhēnchá to spy; to scout	偵察（する） 정찰하다	(15)
真空	（名）	zhēnkōng vacuum	真空 진공	(18)
诊断	（动）	zhěnduàn to diagnose	診断する 진단하다	(12)
振荡	（动）	zhèndàng to surge; to vibrate	〈物〉振動（する） 전류의 주기적인 변화	(5)
振奋	（动）	zhènfèn to inspire; to summon	奮い立たせる・奮起する 분기하다, 분발하다, 분발시키다	(8)
蒸发	（动）	zhēngfā to evaporate	蒸発する 증발하다	(2)
拯救	（动）	zhěngjiù to rescue; to save	救う 구하다, 구출하다, 건지다	(9)
正比	（名）	zhèngbǐ direct ratio	〈数〉正比・正比例 정비, 정비례	(17)
正立方体	（名）	zhènglìfāngtǐ square	〈数〉正立方体 정사각형	(17)
正态分布	（名）	zhèngtài fēnbù normal distributing	〈統計〉正規分布 정규분포	(16)
证据	（名）	zhèngjù evidence; proof	証拠 증거	(1)

症状	(名)	zhèngzhuàng symptom	症状 (병의) 증상, 증세	(8)
之	(代)	zhī it	それ ~의	(10)
脂肪	(名)	zhīfáng fattiness	脂肪 지방	(7)
执行	(动)	zhíxíng to carry out; to execute	執行する・実行する 집행하다, 실행하다	(18)
指标	(名)	zhǐbiāo target; index	指標・指数 지표, 목표	(18)
治疗	(动)	zhìliáo to cure; to treat	治療 치료하다	(8)
质量	(名)	zhìliàng mass	〈物〉質量エネルギー 질량, 품질, 질과 양	(5)
制冷剂	(名)	zhìlěngjì cryogen	冷却剤 냉각제	(2)
智慧	(名)	zhìhuì intelligence; wisdom	知恵・知慮 지혜	(3)
滞留	(动)	zhìliú to be held up; to be detained	滞留する 체류하다, 정체하다	(13)
中和	(动)	zhōnghé to counteract; to neutralize	中和する 중화하다	(8)
中空	(形)	zhōngkōng hollow	中空（空洞） 속이 비다, 공복의	(15)
中枢神经系统	(名)	zhōngshū shénjīng xìtǒng central neural system	中枢神経 중추신경계통	(1)
忠实	(形)	zhōngshí loyal; faithful	忠実である 충실하다	(18)
中毒	(动)	zhòngdú to be poisoned	中毒・ウィルスに感染する 중독되다	(6)
重力	(名)	zhònglì gravity	重力 중력	(11)
周到	(形)	zhōudào considerate	周到である・行き届いている 주도하다, 세심하다	(6)
周期	(名)	zhōuqī period; cycle	周期 주기	(3)
注册	(动)	zhùcè to enroll; to register	登記（する）登録（する） 등기하다, 등록하다	(14)
柱状		zhùzhuàng shape of pole; columniation	〈地〉柱状 두리기둥 배치	(15)
转换	(动)	zhuǎnhuàn to switch; to transform	転換する・変える・変わる 전환하다, 바꾸다	(18)
转诊	(动)	zhuǎnzhěn to change clinic	転院する・病院を換える (병상에 따라)환자를 상급또는 등급의 전문병원으로 옮기다	(12)

追求	（动）	zhuīqiú to pursue; to go in for	探求する・追及する 추구하다, 탐구하다	(15)
滋生	（动）	zīshēng to grow	繁殖する 번식하다, (일을) 일으키다	(8)
子弹头	（名）	zǐdàntóu warhead	弾頭 (어뢰, 미사일 등의)탄두	(18)
子午线	（名）	zǐwǔ xiàn meridian	子午線 자오선	(10)
自动	（形）	zìdòng automatic	自動 자동적인	(6)
自然界	（名）	zìránjiè nature	自然界 자연계	(2)
总和	（名）	zǒnghé summation	総額・総和 총화, 총계, 총수	(10)
族	（名）	zú species; tribe	〈化〉（化学元素の）族 종류, 종	(3)
阻力	（名）	zǔlì resistance	〈物〉抵抗 저항, 항력, 저항력	(11)
阻止	（动）	zǔzhǐ to hinder; to prevent	阻止する 저지하다, 가로막다	(2)
组合	（动）	zǔhé to combine	組み合わせる 조합하다, 짜맞추다	(12)
遵循	（动）	zūnxún to follow	従う 따르다	(14)
坐标	（名）	zuòbiāo coordinate	〈数〉座標 좌표	(16)

专 名

A

埃及	Āijí Egypt	〈国名〉エジプト 이집트	(10)
艾得·德隆	Àidé Délóng Ed Delon, *an English name*	人名 인명	(2)
奥运会	Àoyùnhuì Olympic Games	オリンピック 올림픽 게임	(3)

B

巴黎	Bālí Paris, *French capital*	〈地名〉パリ 파리	(6)

百度	Bǎidù Baidu, *an internet search engine*	中国の検索サイト 중국의 인터넷 검색기관	(12)
宝马公司	Bǎomǎ Gōngsī Bavarian Motor Works, abbr. BMW	〈社名〉BMW BMW(회사명)	(3)

D

达尔文	Dá'ěrwén Darwin *(Charles Robert ~, 1809–1882, British natural historian, founder of Darwinism)*	〈人名〉ダーウィン　イギリスの博物学者 다윈(영국의 박물학자, 진화론의 주창자)	(1)

F

法国科学院	Fǎguó Kēxuéyuàn French Academy of Sciences	フランス科学院（アカデミー） 프랑스과학원	(17)
房山区	Fángshān Qū Fangshan District, *a district in Beijing City*	〈地名〉 지명	(1)
丰田公司	Fēngtián Gōngsī Toyota Motor Corporation	〈社名〉トヨタ 도요타(회사명)	(3)
福特公司	Fútè Gōngsī Ford Motor Company	〈社名〉フォード 포트사(회사명)	(3)
富勒	Fùlè Fuller *(Richard Buckminster ~, 1895–1983, American architect)*	人名 인명	(10)

H

胡夫金字塔	Húfū Jīnzìtǎ Khufu Pyramid	クフ王のピラミッド 쿠푸왕의 피라미드	(10)

J

杰克·基尔比	Jiékè Jī'ěrbǐ Jack Kilby *(Jack St. Clair Kilby, 1923–2005, American engineer, Nobel Prizer in 2000)*	〈人名〉ジャック・キルビー　集積回路の発明者 젝 킬비(집적회로의 발명자)	(3)
聚甲基丙烯 酸羟乙酯	jùjiǎjībǐngxīsuānqiǎngyǐzhǐ	〈化〉ポリヒドロキシ　エチルメタアクリレート	(9)

K

凯恩	Kǎi'ēn Kane, *an English name*	人名 인명	(17)
克雷默	Kèléimò Kramer *(Max O. ~, German researcher)*	人名 인명	(15)

L

| 龙骨山 | Lónggǔ Shān
Longgu Hill, *a hill in Zhoukoudian Town* | 〈地名〉竜骨山
지명 | (1) |
| 洛强斯基 | Luòqiángsījī
ЛОЙЦЯНСКИЙ *(Лев Герасимович ~, Soviet physicist)* | 人名
인명 | (17) |

M

马雷	Mǎléi Mare, *a French name*	人名 인명	(17)
迈克尔· 克罗夫特	Màikè'ěr Kèluófūtè Michael Croft, *an English name*	人名 인명	(1)
麦克唐纳	Màikètángnà MacDonald, *an English name*	人名 인명	(17)
门捷列夫	Ménjiélièfū Mendeleev *(Dmitri Ivanovich ~, 1834–1907, Russian chemist)*	〈人名〉メンデレーエフ 멘델레예프(러시아 화학자, 원소주기율표를 최초로 만든 사람)	(3)

N

| 女娲 | Nǚwā
Nvwa, *a goddess in Chinese mythologies, who created all beings in the world* | じょか、神話中の女神
여와씨(신화 속 여제의 이름) | (1) |

P

| 盘古 | Pángǔ
Pangu, *the primal god, who created the world* | ばんこ、中国神話で天地を開闢（かいびゃく）した神の名
중국신화(반고; 천지개벽의 시조로 전해지는 인물) | (1) |
| 蓬莱 | Pénglái
Penglai, *a coastal city in Shandong Province* | 蓬莱（ほうらい）、神話で仙人の住む山の名前
지명(전설에서 신선이 산다는 봉래산) | (11) |

Q

| 青岛 | Qīngdǎo
Qingdao, *a coastal city in Shandong Province* | 〈地名〉チンタオ
지명 | (11) |

S

| 世界遗产名录 | Shìjiè yíchǎn Mínglù
World Heritage List, *inscribed by United* | 世界遺産目録
세계유산명록 | (1) |

		Nations Educational, Scientific, and Cultural Organization (UNESCO)		
石器时代	Shíqì Shídài Stone Age		石器時代 석기시대	(1)
苏联	Sūlián Soviet Union		<国名>旧ソビエト連邦 소련(구 소비에트연방)	(17)

T

陶器时代	Táoqì Shídài Pottery Age	陶器時代 도기시대	(3)
铁器时代	Tiěqì Shídài Iron Age	鉄器時代 철기시대	(3)
通用公司	Tōngyòng Gōngsī General Motors Corporate	<社名>ゼネラル・エレクトリック社 GM(회사명)	(3)
铜器时代	Tóngqì Shídài Bronze Age	青銅器時代 청동기시대	(3)
微电子技术	wēidiànzǐjìshù	マイクロエレクトロニクス技術	(9)

X

西印度洋	Xīyìndù Yáng West Indian Ocean	西インド洋 서인도양	(7)

Y

雅虎	Yǎhǔ Yahoo, *an internet search engine yahoo*	検索サイト、Yahoo 야후(인터넷 검색 기관)	(12)
约翰·赫曲克	Yuēhàn hèqūkè John Hotrich, *American machinist*	<人名>ジョン・ハッチ　車のエアーバック発明者 인명(John Hotrich; 미국의 기계기술자)	(9)

Z

周代	Zhōudài Zhou Dynasty, *a slavery dynasty in Chinese history, about 1046BC–256BC*	前1046年頃から前256年まで800年近く続いた周の王朝 주나라(기원전 1046-256년의 중국 왕조)	(16)
周口店	Zhōukǒudiàn Zhoukoudian, *a town in Fangshan District*	<地名> 지명(주구점; 1926년 "북경원인" 출토)	(1)
祖冲之	Zǔ Chōngzhī Zu Chongzhi, *429–500, Chinese mathematician*	<人名>そ ちゅうし 中国、南北朝時代、南朝の天文学者、数学者、発明家 조충지(중국의 위대한 수학자)	(4)